国外当代教育

精准教学系列

主　编　盛群力　肖龙海
副主编　冯建超

加工新知：

参与学习的方法

JIAGONG XINZHI：
CANYU XUEXI DE FANGFA

[美] 瑟珀拉·萨哈德奥·特纳　罗伯特·J. 马扎诺　著
格温德琳·L. 布赖恩特　凯莉·哈蒙　协编
于冬梅　译　　冯建超　校

中原出版传媒集团
中原传媒股份公司

大象出版社
·郑州·

图书在版编目(CIP)数据

加工新知：参与学习的方法／(美)瑟珀拉·萨哈德奥·特纳，(美)罗伯特·J. 马扎诺著；于冬梅译.— 郑州：大象出版社，2018. 11

(国外当代教育研究译丛.精准教学系列)

ISBN 978-7-5347-9967-9

Ⅰ. ①加… Ⅱ. ①瑟… ②罗… ③于… Ⅲ. ①课堂教学—教学设计 Ⅳ. ①G424. 21

中国版本图书馆 CIP 数据核字(2018)第 249981 号

出 版 人　王刘纯
责任编辑　郑新梅
责任校对　安德华　万冬辉
装帧设计　张　帆
出版发行　大象出版社(郑州市开元路 16 号　邮政编码 450044)
　　　　　发行科　0371-63863551　总编室　0371-65597936
网　　址　www.daxiang.cn
印　　刷　河南新华印刷集团有限公司
经　　销　各地新华书店经销
开　　本　787mm×1092mm　1/16
印　　张　7.5
字　　数　96 千字
版　　次　2018 年 11 月第 1 版　2018 年 11 月第 1 次印刷
定　　价　18.50 元
若发现印、装质量问题，影响阅读，请与承印厂联系调换。
印厂地址　郑州市经五路 12 号
邮政编码　450002　　　　电话　0371-65957865

浙江省卓越教师培养协同创新中心
2017—2018 年度重点项目“教师教学设计应用模式研究”成果

浙江传媒学院教师教学发展中心合作成果

精准教学系列

“精准教学系列”（The Essentials for Achieving Rigor Series）这套教学指导书有助于教育工作者在实施、监控和适应教学方面做到得心应手。本系列采用了日常示例作为课堂应用的范例，使之具有即时的实践效果。

《确定关键内容：把握重点的方法》

《言之有理：提出与辩护主张的方法》

《记录与表征知识：准确组织与总结内容的方法》

《区分异同：深度理解的方法》

《加工新知：参与学习的方法》

《梳理知识：检查深度理解的方法》

《编制与使用学习目标和表现量规：教师如何作出最佳教学决策》

《参与综合认知任务：跨学科提出与检验假设的方法》

《操练技能、策略与过程：熟能生巧的方法》

《组织学习活动：小组互动方法》

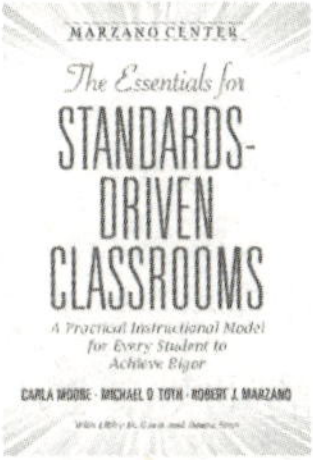

《标准驱动的课堂：精准教学的实践模式》

致 谢

国际学习科学组织（Learning Sciences International）感谢以下审稿人的帮助：

埃米·艾布拉姆斯
（Amy Abrams）
华盛顿，兰顿市，诺伍德中学，2014年普吉特海湾生态区年度教师

安妮·E. 哈塞
（Anne E. Hasse）
威斯康星州，梅诺莫尼，瓦坎达小学，2014年威斯康星州年度优秀小学教师

朱莉·利马·博伊尔
（Julie Lima Boyle）
罗德岛，考文垂，考文垂中学，2012年罗德岛州年度优秀教师

达妮埃莱·马西
（Daniele Massey）
国防部教育活动处，2013年年度优秀教师

迈克尔·芬克豪泽
（Michael Funkhouser）
西弗吉尼亚州，贝克，东哈代高中，2013年西弗吉尼亚州年度优秀教师

凯蒂·佩雷斯
（Katie Perez）
堪萨斯州，哈奇森，摩根小学，2014年堪萨斯地区年度优秀教师

斯蒂芬妮·西伊
（Stephanie Seay）
南卡罗来纳州，斯巴达堡，加农小学，
2006 年南卡罗来纳州年度优秀教师

凯瑟琳·M. 特纳
（Kathleen M. Turner）
马萨诸塞州，沙龙，沙龙高中，
2013 年马萨诸塞州年度优秀教师

献　词

我们总是要学习得更多，而且我们总是有更多的理由去学习。我要感谢我的柔情壮汉——我的丈夫库珀·杰罗姆·特纳三世，我美丽的孩子希瑞、迦勒和库珀，以及我的其他家人，他们允许我学习得更多，所以我才能帮助其他孩子去努力学习。

写一本书就是留下一份遗产。它将永存世间。

——瑟珀拉（Tzeporaw）

作者简介

瑟珀拉·萨哈德奥·特纳（TZEPORAW SAHADEO-TURNER），教育学硕士、理学硕士，两个学位均在南佛罗里达大学取得。她的职业生涯主要聚焦于有效教学和学生学业成就。她曾任高中科学教师、八年级综合科学教师以及佛罗里达州希尔斯伯勒县和佛罗里达州虚拟学校的管理人员。这些经历让她能够从各个角度体验和评估课程与教学的有效性。

罗伯特· J. 马扎诺（ROBERT J. MARZANO），博士，马扎诺研究实验室首席执行官，学习科学马扎诺中心教师和领导评估执行主任。作为教育研究的先驱者，他是一名演说家、培训师和作家，发表了 150 多篇论文，涉及教学、评估、写作和实施标准、认知、有效领导和学校干预等各个方面。他还撰写了 30 多本著作，包括《教学的艺术与科学》（ASCD，2007）和《差异化教师评估》（ASCD，2013）。

格温德琳·L. 布赖恩特（GWENDOLYN L.BRYANT），教育理学硕士，曾从事特殊教育及学前、小学、中学和大学等各阶段的教育。在成为国际学习科学组织的开发人员之前，格温德琳主要设计教学内容，担任地区级主管教师以及中学改进与文化素养培训教练。

凯莉·哈蒙（KELLY HARMON），教育文学硕士，国家级主持人。她有 20 多年与学困生合作的经验。她的学术涉猎范围较为广泛，包括对干预（RTI）的回应、技术、阅读、写作和高效教师策略等。

目 录

引 言

《加工新知：参与学习的方法》（*Processing New Information: Classroom Techniques to Help Students Engage with Content*）所介绍的方法，旨在作为一种策略来改进加工新知这一教学实践中的特定环节。主动的加工可以培养学生总结、预测、清晰提出问题、讨论大量关键评论内容的能力。加工新知对于学生参与更精准的学习至关重要。

本书可以为教师提供基于实证研究的一系列教学策略（如马扎诺教师框架中所涉及的），来改善教学实践。本书还可以帮助教师在课堂上实施精准的教学策略，使学生达到各类标准的要求，如《共同核心国家标准》（*Common Core State Standards*，简称 CCSS）、《新一代科学教育标准》（*Next Generation Science Standards*）、《社会研究国家标准 C3 框架》

（*C3 Framework for Social Studies State Standards*），或以《大学与职业准备锚定标准》（*College and Career Readiness Anchor Standards*，简称 CCRAS）为基础及受其影响而制定的各州立标准。

本书可以帮助所有年级和学科的教师提高运用“加工新知”这一教学策略的能力。聚焦于加工新知这一特定的技能，将能使教师专注于该教学策略的细微之处，从而对教学策略做出改进。本书指导教师制订教学计划，实施、监控、调整并反思教学实践的步骤。正像马扎诺和托特（2013）所说，一个想成为专家的人会有其不同凡响的表现，本书不同凡响的内容如下：

◇把教师专业发展所需的特定技能加以具体分解。

◇专注于在实践或日常活动中改进特定的关键技能（而非简单的任务）。

◇获得即时、具体和可操作的反馈，特别是从更有经验的教师那里得到评价。

◇在更具挑战性水平上，不断练习每个关键技能直到掌握。对已经掌握的技能则尽量减少时间投入。

“精准教学系列”就是从上述几方面入手，专注于分解教师专业成长所需特定技能，并给出日常实用建议，以帮助教师提升技能。

马扎诺教学模式

“精准教学系列”以“马扎诺教学框架”（Marzano Instructional Framework）为基础，即以研究为基础，为教育工作者提供了将教学实践与学生学业成就联系起来所需的工具。本系列使用了马扎诺教学模式（Marzano Model of Instruction）的关键术语（Key Terms），见关键术语表。

关键术语表

术语	定义
《共同核心国家标准》（CCSS）	《共同核心国家标准》是由《共同核心国家标准倡议》（*Common Core State Standards Initiative*, 简称 CCSSI）发展而来的标准文件的正式名称，其目的是为美国学生的大学深造和职业生涯做好准备
《大学与职业准备锚定标准》（CCRAS）	《大学与职业准备锚定标准》是一个较为宽泛的说明，包含了针对各年级和特定内容领域的具体标准
预期结果（Desired result）	由于实施一项具体策略，期望看到的结果
监控（Monitoring）	在实施具体策略时，检查学生是否达成预期结果的行为
教学策略（Instructional strategy）	已经验证、能够最大可能提高学生学业成绩的课堂教学方法
教学方法（Instructional technique）	用于使学生掌握和加深知识和技能的方法
内容（Content）	学生达到标准要求所需的知识和技能
支架（Scaffolding）	有针对性地提供支持，从而使认知复杂性和学生自主性达到精准目标
拓展（Extending）	将已经表现出预期结果的学生提升到更高理解水平的活动

数十年来，教育趋势犹如钟摆一般一直摇摆不定。教育工作者在规范的清单式教案和循序渐进的课程计划之间徘徊，目的都是帮助教师实现教学自主，然而无论是教案还是课程计划对教学的科学性以及教师的责任考虑得非

常少。在这些精确解释有效教学的方法中，往往缺少两种做法：（1）预期结果的具体陈述；（2）以研究为基础的各方法之间的联系。马扎诺教学框架提供了一个全面的系统，为教师使用基于研究的教学策略提供了详细的说明。从这个坚实的教学基础出发，教师可以将科学与自己独特而又有效的教学风格相结合，这就是教学的艺术。

本书《加工新知：参与学习的方法》，将帮助教师成长为创新而又拥有高水平技能的教师，使教师能够实施支架教学和拓展教学以满足学生的一系列需求。

精准教学的基础

“精准教学系列”详细介绍了基本的课堂策略，以应对教学中的复杂转换，这对于所有学生所需的精准教学环境来说是必不可少的。本系列介绍的教学策略对于有效地依据《共同核心国家标准》《新一代科学教育标准》或学校所在区、州指定的标准开展教学至关重要。这些标准需要更深入的理解，运用更有效的策略以及更广泛的实施，从而使学生能够展现出标准所要求的知识和技能。本系列包括适用于所有年级和内容领域的教学方法，内容中包含了针对具体年级的教学实例，可作为教师在课堂中应用的模式和出发点。

无论教哪个年级和学科，熟练运用这些策略对学生掌握《共同核心国家标准》或其他标准来说都是至关重要的。“精准教学系列”中涵盖的其他教学策略，例如如何做到言之有理，如何引导学生开展综合认知任务，体现了如何满足严格标准所需的认知复杂性。作为一个系列，这些策略乍看起来似乎有些令人生畏。因此，本系列将在每本书中仅关注一个具体策略。

加工新知

对新知的主动认知加工（cognitive processing）是掌握关键内容的一个必要环节。这种类型的加工要求学生在学习期间将新知保持长久记忆，以便在增加附加知识前，以有意义的方式对其进行处理。主动加工的可见表现包括谈话、分享、解释、写作、总结、释义和提问。可以肯定的是，学生可以独立加工新知，但如果班额大、学生情况复杂，两人组、三人组或学习小组合作加工新知更为有效。初次学习通常时间短，但知识内容丰富、需要联系以往的经验，如果没有为这种主动认知计划好合适的教学策略，大多数初学者在第一次接触新知时都只能记住很少的信息。

知识输入的方式可以是教师的口头介绍或解释、各种媒介的视觉演示，或是课本和资源材料中的书面文本。但无论是听取、观察还是阅读新知，所有年龄段的学习者都需要持续的学习来主动加工新知。如果你希望学生理解并记住所教科目中的关键知识，需要在他们听到、看到或阅读到每一个新的关键知识点之后，提供一些加工经验。根据新知的难易程度或学生的进展情况，一次学习加工新知的时间长短不一，短到两三分钟，长到 30 分钟。

有效实施加工新知

有效实施加工新知往往需要重新思考学生的学习情况，以及重新规划努力的方向，将学生的需要融入到每一节课中。一些小学中高年级和中学课堂的典型教学流程如下：

◇教师通过谈话、讲课，解释新材料。有时教师会播放视频，并要求学生在观看时做笔记。

◇教师可能在讲课中时不时停下来问学生问题，但是当学生目光呆滞或回避眼神接触时，教师往往会直接给出答案。

◇有时在课堂还剩 5 分钟的时候，教师给学生布置作业——例如，完成名叫“图形组织者”的图，写一篇简短的摘要，或给参议员写一封信谈谈对这个问题的看法。

◇铃声响了，学生冲进走廊，却不太可能记住课堂上发生的事情。

为了对比，再看一个高中生物课堂的情景。教师只在一个主题上花费 10 到 15 分钟，然后就转移到加工活动上，教师专门构建了几种不同的方式让学生加工相同的知识。例如，在学习 DNA 结构时，学生用管道清洁器构建 DNA 模型。然后，他们使用在管道清洁器模型上找到的配色方案给 DNA 图配色。在某一时刻，教师展示 DNA 结构全貌，并介绍加工知识的另一种方式。（改编自 McEwan 的文章，2007）

在大多数小学低年级中，学生往往有更多的互动机会。然而，即使在这些课堂里，仍有一些教师只抓学生学习，并保持严格的控制，很少去引导学生自我管理。学生很少有机会合作学习或主动加工新知。这些教师是促进主动加工新知的反例，他们的课堂无声无息，没有主动加工的“嗡嗡声”。

与之相对比，当学生学习新词时，教师讲授并示范协作加工活动的运用过程。学生有机会与搭档一起阅读、识记和讨论，通过协作加工活动，掌握新词的含义，教师有目的地让每位学生都参与学习。一旦学生们反复热烈讨论新词，讨论自己以前在学校或家里遇到过这个词语，教室里就会出现激动人心的“嗡嗡声”。这是主动加工的声音。（改编自 McEwan & Bresnahan 的文章，2008）

无论你的教学风格与正例或反例中哪一种相同，只要你能利用下表所示的教学顺序，为主动加工新知提供多个实施机会，学生对新知就能够加深理解和记忆。

主动加工获取新知

教学阶段	学习顺序
第一阶段	教师通过预览活动开始一个新知单元，随后首次展示关键知识模块。这阶段教学大约需要 10 到 12 分钟
第二阶段	展示这一知识模块后，教师开始提出任务，要求学生与搭档或小组一起加工新知。本书介绍的方法将给你提供多种方式，促进学生参与这种认知加工
第三阶段	在加工之后，教师“呈现”另一块新知。呈现方式可以是一个简短的视频剪辑，也可以让学生与搭档一同阅读与关键知识相关的一小段文本。无论哪种方式，只要有新知识输入，都有特定的加工方式让学生参与其中
第四阶段	教师重复上述过程，直到一节课或一个单元中的所有关键知识块都已经被引入和加工
第五阶段	教师指导学生复习一天中的关键知识块，并思考以前学到的哪些知识与新学习的内容相关联。然后，教师要求他们进行某种总结活动，以连接各种知识块

以下是一些与主动加工新知相关的教学行为：

◇在实施之前，教授并示范各种加工新知的方法。

◇在一个教学单元中规划并提供多种机会，让学生主动加工新知。

◇组织两人协作组、三人协作组和其他类型的学习小组主动加工新知。

◇促进协作小组的高效、有效实施主动加工的过程。

◇让学生加工具有挑战性的新知，鼓励和激励他们持之以恒。

◇逐步将责任交给学生，让他们自己主动加工。

◇持续监控主动加工的预期结果。

教师在熟练掌握这一教学策略的过程中，会犯几个常见错误：

◇教师未能有意识地规划并提供足够数量和质量的机会，让学生主动加工新知。

◇教师未能适当地利用协作小组的力量，帮助学生主动加工新知。

◇教师未能逐步将学习的责任交给学生。

未能有意识地规划足够数量和质量的加工活动

大多数教师能够为主动加工新知提供一些机会，但是有意识地规划加工活动的数量和质量，往往需要重新思考如何规划和组织课程。对于不需要全面设计和规划的新知，有许多非正式的、快速的方式可以促进主动加工。但是请记住，只有有意识地规划足够数量的加工活动，并不断变换促进加工的方法，这种教学策略才能真正让学生受益。

未能有效地利用协作加工的力量

大多数学生在组织良好和同伴相互督促的群体中学习效果最好，因为他们可以利用同伴的经验去丰富个人经历。小组加工能够鼓励主动思考，它为学生提供了演练加工关键知识的额外机会。然而，仅仅提供足够的时间用于小组加工是不够的。与所有的教学策略一样，向学生教授和示范如何在协作加工小组中学习是成功的关键。

未能让学生负起责任

在要求很多、压力很大的学校中，教师需要与知识赛跑，教学要“覆盖”到所有知识，并且教师需要自己承担加工、思考和学习新知的所有责任，这容易让教师失去重点。在疲惫的一天结束时，学生没有与复杂的知识进行搏斗，没有参与新知的主动加工，或者没有经历过挫折，而这些都是掌握一门困难学科的必要经历，但是教师已经精疲力尽了。因此教师需要逐渐将思考和学习的责任转交给学生，教师只需要负责指导教学、示范和指导独立实践，并促进小组合作学习。学生有责任协作或独立完成自己的学习，并应用自己的知识。

监控预期结果

以下几条能够表明学生已经能够主动加工新知：

1. 学生可以解释或复述刚刚听到的内容。
2. 学生自主预测新知。
3. 学生自主提出有关新知的问题。
4. 学生能够通过积极询问和回答问题主动讨论新知。
5. 学生能够对新知作出结论。
6. 学生能够口头总结新知。
7. 学生可以根据新知写作。

本书中介绍的每种方法都有相应的监控案例。

开展支架教学和拓展教学以满足学生的需要

当监控每种方法的预期结果时，教师可能会意识到有些学生无法轻松加工新知。

本书中描述的每种方法都设有支架教学和拓展教学的示例，以满足学生的不同需求。支架教学针对认知复杂性，为学生提供了自主性和精准性支持。拓展教学能够推动已经达到预期结果的学生提升到一个更高的理解水平。这些示例只是提供建议，教师应该进行改编以适应学生的特定需求。针对英语语言学习者、接受特殊教育者或缺乏支持的学生，或仅是前一天缺课的学生，教师可以使用支架教学的示例激发自己的创意，根据他们的需求制订计划。针对天才班或卓越计划中的学生、对教授科目有强烈兴趣的学生，拓展教学活动可以帮助教师制订好计划。

教师反思

在教授学生加工新知时，教师需要反思自己的技能水平和效率，这样可以帮助自己更好地实施这一策略，发展教师专业能力。教师可以使用以下一组问题指导自己进行反思。问题从简单的开始，首先反思如何开始实施过程，接着，复杂度逐渐增加，需要教师进一步思考如何帮助学生加工新知。

1. 你是如何开始将此策略的某些内容融入教学的？

2. 你如何吸引学习小组参与加工新知？

3. 你如何监控主动加工以提高学生的理解程度？

4. 为满足学生的独特需求和应对特殊情况，你如何改编并创造加工新知的新方法？

5. 当改编并创造新方法时，你对学生了解多少？

帮助学生加工新知的教学方法

有很多方式可以促进学生加工新知，这些方式被称为教学方法（instructional techniques)。教学方法的选择取决于所教的年级和内容。本书中每种方法，都是为了使教师能够有机会促进学生“咀嚼和消化”（chew and digest）特定课程知识模块。消化的隐喻是贴切的，不进行适当的休息，让学生认知加工新材料、吸收大量的复杂知识，会导致大部分甚至全部学生认知超载(cognitive overload ）。

下文中将介绍如何实施以下方法：

◇教学方法 1　协作加工法（Collaborative Processing）。

◇教学方法 2　思考—配对—分享法（Think-Pair-Share）。

◇教学方法 3　概念获得法（Concept Attainment）。

◇教学方法 4　切块拼接法（Jigsaw）。

◇教学方法 5　互惠教学法（Reciprocal Teaching）。

◇教学方法 6　脚本协作配对法（Scripted Cooperative Dyads）。

所有的方法都有相似的组织形式，包括以下内容：

◇对方法的简要介绍。

◇有效实施该方法的方式。

◇在实施方法时要避免的常见错误。

◇选定的学习目标或标准下，中小学课堂的正例和反例。

◇监控预期结果的方式。

◇为了满足学生的需要，提供支架教学和拓展教学的方式。

教学方法 1　协作加工法

合作学习（cooperative learning）被定义为一种教学模式，主要由学生小组合作完成教师指定的任务或项目。精准实施合作学习对学生学业成就的影响可以在大量研究中看到（Johnsonn et al.,1981; Walberg, 1999）。合作模式是促进学生主动加工新知不可或缺的工具。合作学习不等同于简单的小组学习，主要体现在两个重要方面：（1）每个加工活动都建立了个人和团体责任制，以便所有成员都参与和创作；（2）小组成员会接受培训。小组成员都被要求扮演特定的角色（McEwan, 2007）。你不能仅仅因为学生在其他课堂里“使用过它”，就认为他们能够理解合作学习的这两个重要方面。在每个学年或新学期开始，都可以使用合作模式来示范或直接教授学生如何进行主动加工。多元化的学习小组一定程度上为所有学生加强了对自己学习的控制，并为学习困难的学生提供了与学习榜样合作的机会。

如何有效运用协作加工法加工新知

有效实施协作加工法加工新知，需要仔细审视你对合作学习——这个被广泛使用的教学模式的看法。合作（cooperative）与协作（collaborative）在字典中的定义没有本质区别，都表示共同努力完成或尽力完成任务，在同义词词典中两词也是同义词。在某些语境中，作者形容学生一起学习用“合作”，教师一起工作为“协作”。与本书中其他方法一样，在本方法中，“协作”具有更加微妙的含义，表示学生和教师共同进行演示、对话、讨论和阅读，并共同从中获得新知的多重含义。将学生分为两人一组和三人一组只是为了增加学生主动加工新知的机会。

无论你是喜欢合作学习，还是觉得它不符合你的教学风格，请考虑运用协作加工的力量，促进学生主动加工新知。

为了使学生成为更有进取心和更成功的学习者，协作加工小组能提供多种有效帮助：（1）与同伴一起学习为学生提供了理解新知的多个参考点；

（2）学生可以观察他人如何加工知识，吸收经验为我所用；（3）学生可以获得有关知识的新观点；（4）与小组同伴沟通想法时，学生可以收到来自同伴的反馈；（5）只要新知在学生的记忆中仍然新鲜，学生每天都有机会及时尝试运用新知。（改编自 Marzano 的文章，2007）

在与学生一同运用协作加工法加工新知之前，需要考虑两个方面的内容：（1）直接教你的学生什么是新的关键内容，为什么、什么时候以及如何合作处理新的关键内容；（2）获取一些新的教学行为，这些行为对于有效实施本方法是至关重要的。

教授学生协作的定义、原因、时机和方式

教会学生如何与同伴交往——与搭档或小组合作的目的，明确解释并指导学生小组内应该分享哪些内容，这是运用协作加工法来加工新知的先决条件。例如，如果仅仅告诉学生与搭档分享知识，但没有让学生明确理解知识是如何分享的，为什么分享是在这一特定时刻发生的，以及到底分享什么，那只能是浪费时间。上文中我们提到过所有方法都要有预期结果，这些结果就是学生以有意义的方式运用加工新知的方法，最终实现的长期的和有意义的学习目标。表 1.1 简要总结了协作加工法的定义、原因、时机和方式，教师可以根据所教学生的年级水平改编后实施。

表 1.1　协作加工法的定义、原因、时机和方式

问题	答案
什么是协作加工法？	协作加工法是组织学生学习的一种方式，但不是唯一方式。真正有办法的教师能够在课堂的不同时间运用不同的方法，使学习的各个方面更具激励性
为什么在课堂上运用协作加工法？	运用协作加工法是因为它能够提供机会让学生与同伴加工新知，更容易理解和记忆新知。除教师的想法以外，协作加工法还为学生提供了有关知识的其他观点。它还教会学生如何依靠他人来完成一些学习任务

（续表）

问题	答案
什么时候在课堂上运用协作加工法？	当介绍难以理解和难以记忆的新知时，运用协作加工法。运用协作加工法来讨论、思考、写作、提问、总结和概括新内容。协作加工法激发了每位学生的学习潜能
协作加工法如何奏效？	社会心理学家开发了协作加工法，利用师生关系的力量来完成任务和项目。然而，在课堂上运用这种加工方法的教育者指出，在社会层面和情感方面其益处远远超出预期

四种具体教学行为

合作学习模式已经在课堂中使用了几十年，教师在自己的学术课程中是合作学习方法的接受者，在专业发展期间更是长时间地接受该方法的熏陶，当观察教师的教学时，发现他们总是在进行配对或分享活动，这可能导致许多教育者认为自己已经知道运用合作学习获得成功所需的一切。然而，有四种具体的教学行为对于有效实施协作加工法至关重要：（1）解释（explaining），（2）指示（giving directions），（3）示范（modeling），（4）辅导（facilitating）。（McEwan-Adkins，2010）这些教学行为可以为课堂中运用的所有协作加工法增添价值。

解释

解释即在学生使用特定加工方法时，向学生口头解释将会发生什么、目标是什么、为什么使用它、它是如何帮助学生的，以及随着学生加工新知活动的进行，学生和教师所扮演的角色将会是什么。下面的示例简要介绍了协作加工法中的解释。

协作加工的解释样本

同学们，今天我们要开始学习一个叫作协作加工的课堂活动。我知道很多老师都搞过类似的活动，但是我想解释一下协作加工，让你们了解有关重要事项。在课堂里，协作加工意味着两位或两位以上的学生正在讨论听过或读过的东西。

学习新事物的方式有很多，随着课本中的知识变得更加复杂和重要，我想确保你们有很多学习机会。协作加工可以帮助你们理解新知和难点，因为你们需要和同伴讨论，互助理解。

当两位或两位以上的学生一同学习新知时，小组协作加工具有比个人独立加工新知更强的学习能力。

指示

教师在一天的时间里可能发出数百条指令，但是一节课后他们又要匆忙开始下一课，有时他们很难停下来思考学生头脑里在想什么。指示包括提供明确而简单的口头要求，从一节课、一项任务或一个单元的开始到完成课、任务或单元，给学生指明方向。给出指示不仅限于“老师说”，还应该给学生提供消化指示的时间、反馈的时间及提出问题的机会。下面是一则在协作加工中运用指示的示例。

在协作加工教学中教师对指示的教学示例

同学们，我们将在课堂中开展一项新活动——协作加工，我将给你们一些指示。我会在图纸上写下你们需要遵循的步骤，并将其挂在黑板上。

1. 清理书桌（或学习区），避免无关物品分散你的注意力。

2. 找到搭档，一起走到地毯上坐下。如果搭档不在，我将为你找一位新搭档，我将成为最后单独一位同学的搭档。

3. 当你紧靠着搭档安静地在地毯上坐好后，请竖起大拇指，给我信号。

示范

示范是许多课堂中最不被认可和很少使用的教学行为之一，但音乐、美术、体育、科学和外语等学科教师们，没有示范就无法教授新知。然而，当关键知识和认知过程变得不明显，更要动脑筋时，教师却意外地可以通过示范步骤向前推进。这可能是因为示范过程需要对自己的认知加工进行出声思考（thinking aloud），让学生有机会深入了解教师头脑中发生的事，如撰写摘要、进行预测或得出结论。如果教师还没有真正掌握撰写摘要的技能，或者还没有准确地找到得出结论或提出要求涉及多少步骤时，教学就会发生中断。以下示例简要介绍了一位教师是如何思考撰写摘要的。

在协作加工教学中教师对示范的教学示例

今天，我想为你们示范我是如何撰写一段新知的摘要的。我知道必须做的第一件事是确保我真的理解读过的内容。如果我还不确定是否理解了所读的内容，我会做两件事。第一件事是回头再读一遍，我不喜欢那样做。本可以写一个精彩的摘要，而我却要再次阅读，对我来说好像在浪费时间。但让我感到惊讶的是，每当再次阅读到同一内容时，我的理解都会加深。

重读是帮助我理解的一种方法，我可以做的第二件事就是，看看有没有生僻词，我可以在词汇表或互联网上查找它们的含义。这绝对有助于我的理解。

所以，在我重新阅读文本并找出陌生单词后，我准备开始撰写摘要了。现在，我将在屏幕上展示我应该总结的文本。我做的下一件事就是弄清楚这个文本中有什么不重要的东西。我知道你在想一切都很重要。但是，那是作者愚弄你的地方。有些东西比其他东西更重要，如果你正在总结，你不仅要弄清楚什么是重要的，还要弄清楚什么是不重要的。我质疑一些作者，文字中加入这么多不重要的东西，他们真的知道什么是重要的吗？

有时，为了防止那些无关紧要的东西让我分心，我就把它画掉，现在我重读剩下的——重要的东西。

然后，我寻找一些关键词，也许还有一些重要的细节，我通常是写下来，所以不会忘记它们。我所做的最后一件事是找出一个方法，用记下的那些单词造句，这样我可以用自己的话表达出中心思想。

现在，你和搭档一起学习时，准用这些步骤进行总结。记住，当你第一次撰写摘要的时候，总会遇到困难和挑战，所以，不要气馁。你写的摘要越多，这个过程就越容易。

辅导

实施协作加工法，辅导是最重要的行为。没有能力来辅导学生，作为教师你就只能讲解和指示了。辅导，包括与学生一起思考，帮助他们提出自己的想法，而不是直接告诉他们文本的意思，不是给出现成的答案去填写学习单或笔记本的空白，更不能以此管理他们的想法。辅导是让学生把事情做正确，通过与学生交谈，逐步让学生承担学习、思考和写作的责任。辅导是一种积极、充满活力和探究性的教学行为。辅导者通过倾听确定学生是否朝着正确的方向前进。当方向错误时，辅导者通过问问题，引导他们转向更有成效的道路。为了通过协作加工法有效地加工新知，辅导老师应保持警惕，以防学习小组成员分享与课程无关的内容，有时需要全班重新回顾分享的目的。以下示例展示了课堂中辅导行为的简短脚本。

在协作加工教学中教师对辅导的教学示例

“同学们，当你们与搭档一同总结一段新知时，我将逐一检查每对同学，了解你们协作加工的进展情况。”

对于一对似乎没有进展的学生，教师问：“同学们，是什么困难阻碍你们开展活动了？”这对学生甚至不能说出哪里出错了。所以，教师继续提问：“你们有没有一句一句轮流读？”他们都点头。“那就好，”教师说，“那有什么生僻的词汇让你们困惑吗？”他们都摇头。“所以，”教师说，“你们只是不知道如何开始。还记得我在课堂上的示范吗？我写下了步骤，并把它们贴在黑板上了。”其中一位男孩看起来有点局促不安。“那好吧，”教师说，“你认为这第一段内容中最重要的思想是什么？”男孩的眼睛亮起来了，他知道答案。教师不时地提示，帮助他们前进。

教师停下转而观察另一对学生。这对学生对这段文字中什么内容最重要持不同意见。教师没有直接告诉他们，而是问了一些引导性的问题。问题出在一位学生不太理解重要和不重要的差别。教师为学生提供了现实生活中的一个例子。教师问学生：“你养狗吗？”学生点头。教师说：“对你的狗来说最重要的是什么？你只能选择一个。”“但是，”学生说，“我的狗有很多重要的东西。”

“不过，”教师说，“有一样东西比其他任何东西都重要。如果你不能弄清楚什么对你的狗最重要，那你怎么能弄清楚这段文字中最重要的是什么呢？”“哦，”学生说，“我必须选择一个吗？”“是的，”教师说，“现在试试看。”

接下来，教师在一对学生的桌旁停下来，这对学生显然没有在合作撰写新知的摘要，而是在谈论一个和其中一个学生父母有纠纷的朋友。教师严厉地瞪了他们一眼，并暗示如果他们不立即开始学习，今天就不要想放学了。谁的总结没有写完，谁就在放学后留在教室里，什么时候写好摘要才能回家。

一旦你教会学生协作加工法，不断熟练运用并能顺利实施该方法后，请尝试运用《教学的艺术与科学》（The Art and Science of Teaching）中描述的两种方法（Marzano, 2007 ）。第一种可用于加工新的陈述性知识（declarative information），第二种可用于加工新的程序性知识（procedural information）。它们对于加工小块的新知特别有用。

在这两种方法使用中，教师把学生三人一组进行分组，指定小组成员分为 A，B，C 三个角色。教师会给出三段新知内容，每位学生都有机会进行总结并引导讨论。在第一段内容给出后，教师要求每组中的学生 A 简要总结。其他小组成员补充，或提出一些自己不明白的问题。随后在开始下一段新知识之前，教师解决整个小组的问题或疑惑，并要求学生预测下一段新知将会是什么。表 1.2 列举了实施 A–B–C 三人组加工新知的步骤。

表 1.2　实施 A–B–C 三人组加工新知的步骤

<table>
<tr><td colspan="2">1. 将学生组成三人一组，并要求每组中的学生标记自己为 A，B，C</td></tr>
<tr><td colspan="2">2. 解释每位学生都将作为小组组长的角色，总结和描述教师呈现的新知。解释其他两位小组成员的职责：补充组长所说的内容，或者确定令人困惑的内容</td></tr>
<tr><td colspan="2">3. 准备一节课，包含三个重要内容块。在呈现第一块内容后，指导学生 A 作为小组组长总结知识。提醒学生 B 和学生 C 补充知识或提出问题。然后询问整个班级是否有任何问题，并结束第一个协作加工环节，让学生预测下一块内容将是什么</td></tr>
<tr><td colspan="2">4. 呈现第二块新知，并重复第 3 步骤中描述的过程，学生 B 担任组长</td></tr>
<tr><td colspan="2">5. 呈现第三块新知，并重复第 3 步骤中描述的过程，学生 C 担任组长</td></tr>
<tr><td>陈述性知识</td><td>程序性知识</td></tr>
<tr><td>如果呈现的新知是陈述性知识，例如在大量关键内容中找到主题，这种协作方法为主动加工新知提供了有效和积极的方法</td><td>如果呈现的内容是程序性知识，例如写作或编辑，或在体育课上做特定动作，教师将示范过程的一个步骤，然后学生独立排练。学生会产生有关示范程序的问题，这类似于询问陈述性知识的问题</td></tr>
</table>

常见错误

运用协作加工法加工新知往往感觉像要杂技一样。有这么多方面需要仔细考虑，有这么多失败的方式。但是，不要气馁。提前知道可能会犯的错误，会减少你的失误。当运用协作加工法加工新知时，请注意下列常见错误：

◇教师未能解释协作加工法的定义、原因、时机和方式。

◇在实施该方法加工新知前，教师未能为学生示范和教授学生协作加工的过程。

◇教师未能先用较少的内容给学生时间，来练习这个过程。

◇在进入下一个活动之前，教师未能让学生充分加工新知。

◇教师未能适当地给学生分组。

◇教师未能不断地辅导和监控协作加工活动。

运用协作加工法加工新知的正例和反例

以下是运用协作加工法加工新知的两个正例(一个小学的和一个中学的)及其相应的反例。在阅读时，想想你在自己课堂上的经历。思考这些常见错误，并注意正例中教师如何巧妙地避免了这些错误，以及反例中教师由于忽视犯下的一个或多个错误。

小学运用协作加工法加工新知的正例

本正例的学习目标是：仔细阅读，确定文本明确说明的内容（《大学与职业准备锚定标准》阅读 1），并总结关键的细节和想法（《大学与职业准备锚定标准》阅读 2）。案例中，一位四年级教师对学生的随意阅读习惯感到沮丧——这些习惯常常导致混淆而不是理解。该教师开发了一个名为阅读—决定—解释（Read-Decide-Explain）（改编自 McEwan-Ad-kins & Burnett 的文章，2012）的协作加工活动。该教师从学生社会研究和科学课本中挑选了刚学过的单元中的一些短文。尽管该教师已经在课堂上“讲过”了这些单元，但该教师担心许多学生没有充分加工这些知识。教师希望学生更仔细地阅读，并更加重视文本的实际内容。教师开始的第一篇短文名为“变化的地球”（McEwan, Dobberteen & Pearce, 2008），并将其分成三部分。以下是教师向学生解释协作阅读的过程：

> 同学们，今天我们将要开展一个名为“阅读—决定—解释”的协作阅读活动。你将与一位搭档一起阅读一篇题为“变化的地球”的文章。你们应该熟悉这个知识，因为我们几周前刚刚学过这个单元。我会给你们一个问题，由你们来回答。为了找到答案，你们要与搭档轮流逐句阅读这篇文章。在阅读完一段中的每个句子后，你们和搭档需要决定是否能在句子中找到问题的答案，然后解释为什么能或为什么不能。你们完成了这一段的阅读后，你们和搭档需要写一个一句话的总结，来说明这段中的文本如何明确地回答了这个问题。

教师分发了两件物品，分别是一份文章的副本和一张给学生记录答案的思考表，并说：“我要与一位同学一同来示范这个过程，谁愿意帮助我？”亨利举起手，教师请他到前面来。教师在屏幕上展示文本，并为亨利提供了一份思考表，思考表上为每个句子都编了号。然后，教师提出要求学生回答的问题：“文本明确说明是什么导致了地球陆地表面发生变化？解释你的答案。”

教师指出了第一句话，要求亨利大声朗读：“（1）地球的陆地表面并不总是与今天看起来的一样。”

教师请亨利看一下思考表，找到第 1 段第 1 句的那行，接着问：“这句话可以帮助你回答问题吗？是或否，亨利？”

亨利看起来有点困惑，然后他的思考能力起作用了。“否。”他回答。

教师指导他在“决定”一栏中写下“否”。“现在，亨利，请向我们解释你的答案。你为什么说否？我会给你一些时间来考虑这个问题。”

得到答案不是难事，但是大多数学生不习惯这种被追究责任式的做法。亨利终于来找老师，并回答说：“这句话只是讲述什么是主题，但没有说明是什么导致了陆地表面发生变化。”

“太棒了。”教师说。

然后教师解释说，每对学生将合作完成第一段内容，总共三句话，其中一句他们已经完成，并进一步解释："请务必轮流朗读句子，并回答'决定'一栏的问题。然后每一对学生需要写一句话作为总结，说明这段文本如何明确地回答了这个问题。"

教师在教室里走动，听学生们讨论，看他们从文本中逐句挖出意义。教师的最终目标是学生将承担这种仔细阅读的责任。

教师将这种协作加工经验看作学生参与认知的一个机会，可以帮助学生在没有任何支架的情况下，定期地主动加工新知。如果本次运用成功，教师计划在介绍新知时定期实施，并希望学生自己加工文本。

小学运用协作加工法加工新知的反例

这个小学反例的学习目标是：仔细阅读，确定文本明确说明的内容（《大学与职业准备锚定标准》阅读 1），并总结关键细节和想法（《大学与职业准备锚定标准》阅读 2）。阅读—决定—解释的协作加工法吸引了这位反例中的教师，但是该教师认为学生在阅读知识文本时必须学习独立工作。该教师愿意在隔壁同事的推荐下尝试这个过程，但该教师认为阅读一些学生已经读过的东西对他们来说是无聊的，所以该教师选择了一篇更困难的短文，包含更具挑战性的文本结构和词汇水平，但对学生来说很有趣。该教师只是向学生解释了这个过程，而没有对该过程的任何一个步骤进行示范。用更难的阅读文本尝试运用新方法，会导致这节课的失败。学生无法在解读文本的同时，回答问题和撰写总结。

中学运用协作加工法加工新知的正例

中学正例的学习目标是：评估观点或目的如何塑造文本的信息和风格（《大学与职业准备锚定标准》阅读 6）。中学一年级英语教师正在教学生如何识别特定作品的观点，决定采用协作加工法激励学生主动加工知识。该教师准

备了关于该标准的专题介绍。（改编自 McEwan-Adkins & Burnett 的文章，2012）

该专题介绍包含三大内容：（1）目的——作者为什么写这篇文章；（2）信息——这篇文章是关于什么内容的；（3）风格——作者是如何使用语言的。

教师选择了当地报纸上的一篇专栏文章作为共同研究的文本。教师将文本分成三段，并给学生展示了第一段内容，讲了阅读中可能会"问作者"的各种问题，并逐一解答，然后又用这学年学过的文章给出了许多示例。教师停下来，让学生默读这篇文章的第一段，然后和搭档讨论作者在写第一段时的目的，并把它写在思考表上。现在教师开始介绍专题的第二部分，解释如何确定文本中的关键信息或文本的内容。以下是该教师介绍这部分新知的方式：

> 同学们，你们做得真好，找出了作者写第一段的目的。既然已经确定了作者写第一段的目的，我们将继续从同一段中挖掘知识，找出这段主要讲了什么（中心思想），并确定一些关键的细节。因为你们已经阅读过第一段了，请思考我告诉过你们的，作者为了吸引读者兴趣如何采用不同方式描述知识。

教师继续描述作者如何用多种多样的方式来围绕中心思想进行细节描述。教师鼓励学生思考第一部分中的内容，看看学生们是否可以在文本中找出这些方式。她继续说道：

> 在我介绍时我看到很多同学点头，你们已经意识到作者运用几种不同的方式来阐述本文的中心思想。接下来与搭档合作，找出尽可能多的表述方式，并将其记在思考表上。

学生们合作得很好，并且对这篇文章进行了积极的讨论。教师提醒他们注意时间，还有一个有关内容的简短介绍要写，指出作者如何以不寻常和有趣的方式使用语言，这就是他的风格。教师介绍最后一部分：

> 作者写作的最后一个方面是风格，即作者如何使用语言来使他的写作风格独一无二。

教师解释了风格的各个方面，有些对学生来说是新鲜的：措辞、语法、比喻、意象和各种声效。学生们可能不得不深入挖掘第一段内容，以找到这些例子，学习小组迫切希望能试一试。

当学生完成时，教师要求他们每人独自写一个总结，描述两件事情：（1）从老师身上学到了什么；（2）在和搭档合作时学到了什么。学生离开课堂时，教师收集总结，渴望阅读他们对这种新的协作加工经验的"评论"。

中学运用协作加工法加工新知的反例

这个中学反例的学习目标是：评估观点或目的是如何塑造文本的信息和风格（《大学与职业准备锚定标准》阅读 6）。教师希望与学生一起运用一种协作加工法，但不愿意将大部分责任交给学生。他更倾向于控制学生的学习过程，为学生讲解目的、知识和风格，准备好名叫"图形组织者"的图，要求学生将这些内容记在准备好的笔记本上。教师不时停下来询问学生是否有问题，但是每个人还在忙着记笔记，所以他继续讲课。学生没有机会在教师的讲解后，尝试运用新学到的知识，没有任何学生能从另一个角度来看待这个非常具有挑战性的认知任务，即评估观点或目的如何塑造文本的信息和风格。

确定学生是否能利用协作加工法加工新知

在学生协作加工知识时，教师要保持高度警惕，了解他们之间持续的互动情况，监控学生协作的成功与否，掌握学生主动加工和理解新内容的程度。为了紧跟课堂上学习的最新动态，你需要设置一套工具，监控学生对通过协作加工获取新知的理解。以下方法可以帮助你：

◇要求学生与搭档针对提供的每一段内容撰写总结，在学生离开教室之前收集这些总结。

◇在学生离开教室之前，收集他们独自完成的整体介绍的总结。

◇当学生总结和梳理内容时，聆听并回答问题。

◇当学生小组合作时，观察他们如何运用适当的协作方法。

表 1.3 提供了学生运用协作加工法加工新知的熟练程度的量规，显示了学生熟练运用协作加工法加工新知的能力范围。使用该量规来准确反映运用协作加工法是否达到预期结果。

表 1.3　运用协作加工法加工新知的学生熟练程度量规

新手入门	基本掌握	预期达标
学生可以识别新知	学生总结新知	学生准确地总结新知
学生倾听其他的观点	学生讨论其他的观点	学生主动讨论多种观点，并补充他人的观点
	学生识别新知的重要方面	学生解释和讨论新知的重要方面

开展支架教学和拓展教学以满足学生的需要

许多学生难以加工新知，主要有三个原因：（1）缺乏背景知识；（2）学生难以理解年级平均水平的材料；（3）学生需要语言和学习的支持。你需要调整自己的教学来满足不同学生群体的需求。

相反，会有一些学生可能在上课前，已经非常了解你的新教学内容。他们同样也需要你进行针对性教学。以下是开展支架教学和拓展教学中满足学生需求的一些方法：

支架教学

◇根据学生的阅读水平提供替代资源。

◇利用不同媒介提供资源——例如音频或视频剪辑。

◇将有类似学习需求的学生分为一组，开始的时候，在最初几次协作加工新知过程中提供帮助。

拓展教学

◇让学生针对新知内容为其他人开发多媒体资源，以便其他学生在教室或家中使用。

◇让一对学生对课程的内容讲授部分做一份计划，这对学生负责向同学介绍新知。

◇让学生独立阅读更难的书籍来丰富新内容。

教学方法 2　思考—配对—分享法

运用协作加工方法加工新知中，广为人知且常用的方法为思考—配对—分享法（Lyman, 1981）。这个认知方法在每个年级课堂中都持续展示了其效果，证明了它的易用性、有效性和对几乎所有教学环境的适应性。但是，思考—配对—分享法最重要的特性就是它几乎可以保证每位学生都参与协作加工。当一组中有两个以上学生时，总是可能有一个成员会选择脱离这个过程，或者其他两个或两个以上的成员组成自己的小组，有效地排斥其他成员。大多数教师都能在专业发展培训、教师会议和自己的课堂中运用思考—配对—分享法。然而，有效实施思考—配对—分享法需要教师掌握几个关键点：（1）思考—配对—分享法的基本词汇；（2）思考—配对—分享法的基本步骤；（3）如何教授和示范思考—配对—分享法；（4）如何计划有效实施思考—配对—分享法。

思考—配对—分享法的基本词汇

“思考”（think）、“配对”（pair）和“分享”（share）在认知加工的语境下具有特定的含义。教师也可以在实施之前，将这些术语添加进教给学生的词汇表中。表 2.1 显示了思考—配对—分享法中的术语，以及容易让学生掌握的定义。

表 2.1　思考—配对—分享法中学生容易掌握的定义

相关术语以及学生容易掌握的定义	给教师的操作提示
思考（think）：专注于某事，提出一个想法、理解或意见	你可以调整此定义，使其对学生更有意义。但是，一旦你提出了定义，只要谈论到这个过程就使用它
配对（pair）：原指两件事物；在思考—配对—分享的情况下，指两个学生合作完成教师指定任务，或者自己选择项目来相互合作	运用思考—配对—分享法，可以通过多种方式配对学生进行协作加工。与同事分享你最喜欢的方式，并向已经运用这种方法多年的老师借用一两个想法

（续表）

相关术语以及学生容易掌握的定义	给教师的操作提示
分享（share）：告诉别人你从倾听、阅读或查看有关知识中学到的内容	在思考—配对—分享的背景下，可以与你的搭档、另一对搭档或全班一起分享
写作（write）：把想法写在纸上	如果你将写作添加进思考—配对—分享法，它将延长课堂的长度。然而，当你提供的知识需要复杂认知时，你可以要求搭档在“配对”阶段写下一些内容，或者你可以选择在课堂结束时添加写作，要求学生单独总结他们想要记住的课堂中的重要事项

思考—配对—分享法的基本步骤

思考—配对—分享法有两套学习步骤，第一套包含莱曼（Lyman, 1981）最初开发的教学步骤。这些步骤是通用的，你几乎可以在任何背景中使用它们，表 2.2 列举了这些步骤。

第二套步骤专门用于加工新知。请明确，如果你希望加工新知，并帮助学生参与关键知识认知，你需要使用表 2.3 中描述的教学步骤。

花点时间来比较这两套步骤。你能立刻注意到差异。莱曼版本运用于教学的是一个独立的单元，教师使用这个过程更具有前导组织（advanced organizer）的性质，或作为激活先前知识的一种方式。虽然这些都是此方法的适当用途，但通用方法不能满足关键知识在呈现过程中的认知加工需求。在这一点上，你需要一种方法来促进新知的主动加工。

表 2.2 弗兰克·莱曼（Frank Lyman）思考—配对—分享原始版本的教学步骤

教学步骤	教师注释
1. 提出一个问题让学生解决，或问一个开放式问题	努力将问题与关键知识联系起来
2. 给学生一些时间从事第一项任务：思考问题	在某些情况下，教师提供一个模板或者思考表，让学生可以记录思考的结果
3. 经过适当的思考，引导学生转向与搭档谈论问题（配对过程）	该过程每个方面投入的时间长短，取决于学生和问题的复杂性
4. 与搭档分享后，你可以直接与另一组搭档分享或与全班分享	将思考—配对—分享过程转化为富有成效的结论付诸实践。不要让学生带你进入课堂计划外的漫长分享过程

[教学步骤改编自莱曼的文章（Lyman, 1981），教师注释由作者原创。]

如前所述，表 2.3 中的一系列步骤是在莱曼版本基础上进行了调整和修改，教师能够用它帮助学生更加熟练地运用思考—配对—分享法协作加工新知。

表 2.3 来自教师培训课上的加工新知的步骤

教学步骤	教师注释
1. 呈现一块新知，指导学生倾听你将分享的知识中最重要的内容	如果你计划在课堂中运用思考—配对—分享法输入每一块知识，最重要的一点是确保你为学生识别出了内容中的关键知识，所以当他们思考的时候，你的输入将提供许多知识。如果你不具体指明希望学生从课堂的这 10 分钟带走什么，那他们将进行完全没有意义的过程

（续表）

教学步骤	教师注释
2. 知识呈现后，向学生询问一个问题，或提出一个与新知相关的思考任务，并给予学生时间思考（至多 30 秒）	低年级学生可以在大约 30 秒内加工一小块新知。高年级学生需要更多的时间，因为知识和思考任务可能会有更高的认知要求
3. 一旦思考时间结束，指导学生与搭档进行面对面的促膝交流，他们可以静静地交换想法、回答问题，或者找出不理解的内容	如果搭档彼此远离，那与一位搭档配对就很困难。如果你打算经常运用思考—配对—分享法，就以方便协作加工的方式安排课桌和椅子
4. 你有三个选项：（1）继续另一块新知的知识输入；（2）让搭档与另一组搭档分享想法；（3）让搭档与全班分享想法	如果你有两个或更多的知识块，请选择选项（1）。如果你觉得几乎所有学生都需要额外的加工才能对新知感到自信，请选择选项（2）。选择选项（3）来结束一节课，帮助学生得出结论或总结学到了什么

拉辛斯基和帕达克 (Rasinski & Padak, 2000）建议，在默读或齐读后运用思考—配对—分享法加工新知，并对教学步骤作出以下调整（表 2.4）。

表 2.4　从短文中选择新知进行加工

教学步骤	教师注释
1. 选择课本的部分章节或包含新的关键知识的其他来源材料	在你首次实施此调整方法期间，选择稍微易读的文本，但仍需要包含新的关键知识
2. 将知识分块，让文本难度和学生的阅读水平相适应	根据学生的需要，决定是否让学生默读，或是成对齐读。后一种方法确保两名学生同时完成文本，并且对于可能需要支持的学生来说，这是一种有效方式
3. 指导学生阅读到第一个停顿点	在第一个停顿点，教学目标是让学生通过主动加工文本中的新知来思考读过的内容。你可以在每一块知识之后使用相同的问题或任务，或者指定不同的任务或问题来促进此过程

（续表）

教学步骤	教师注释
4. 指导一对学生分享想法，以回答你的问题	在这一点上你有两个选择：要求每一对学生与全班分享，或者逐步释放加工文本的责任给学生，不需要听每一对学生的报告
5. 再次循环，直到学生阅读并加工完所有文本块	保持过程的顺利进行，维持学生的参与度

[教学步骤改编自拉辛斯基和帕达克的文章（Rasinski & Padak, 2000），教师注释由作者原创。]

如何教授和示范思考—配对—分享法

向学生教授和示范过程，是有效实施思考—配对—分享法的重要环节。表 2.5 包含了一个示范课，一位低年级小学教师正在教授和示范思考—配对—分享法。如果你教高年级学生，可能会觉得这种示范对他们来说意义不大。但是，在你第一次使用某种方法时，如果开展了适当的直接教学和示范，所有学生都能受益。

表 2.5　如何对低年级学生教授和示范思考—配对—分享法

教学目标	学生能够独立地执行一个合作学习过程
先导组织（advance organizer）	教师说："同学们，今天我们要学会如何与搭档合作。当两个人合作时，你们能更轻松地学习新知。这个过程就是思考—配对—分享。"

（续表）

教学目标	学生能够独立地执行一个合作学习过程
教师示范 （teacher modeling）	教师说："让我来展示一下这些词是什么意思，这样你们就可以为思考—配对—分享做好准备。 "当'思考'时，我在用头脑提出想法或回答。当说话时，我不能同时进行思考。所以当我思考时，嘴巴是闭上的，我可以仔细地想一想，之后才能得到一个好主意。" 教师停顿了片刻，做出思考状几秒钟，然后继续说："有些时候，回想我刚刚听到的有趣事情需要更长的时间。 "刚才，我对阳光有一个很有趣的想法，如果能把阳光的所有热量都储存起来，保存到寒冷的冬天，那该多好。但是，这不是我应该考虑的。我需要考虑的是教师说的话或读到的内容。 "现在，'配对'这个词意味着两个事物在一起，对于本过程，'配对'是指一对学生。或者，它也可能是一位教师和一位学生，总之是一对学习者。杰米和奥利夫，站起来。现在我有一对男孩和女孩。奥利夫，请站在我身边来，现在是一对教师和学生。请注意，当我们上课的时候，一对总是有两个人。 "第三个词是'分享'。当谈论到与朋友分享一些东西时，你可能会想到给某人一部分午餐或一同做游戏。在这项活动中'分享'的方式是告诉伙伴你在思考时提出的想法。让我展示两个人分享想法时的样子。"
单一学生示范 （single-student modeling）	教师说："谁有一个好主意让食堂改善午餐，是否可以和我分享一下？"教师等了一会儿，然后请一位学生来到教室的前面，教师坐在椅子上，让学生坐在另一张椅子上。 这位学生和教师分享自己的想法，而教师以细心的方式倾听着，默默地看着学生。"谢谢山姆与我分享这个想法，现在轮到我分享想法。"教师给出她的想法，就是教师的食堂应该供应软冰淇淋。 教师提醒学生们，当山姆说话的时候，她只需要倾听。教师向学生指出，山姆分享的时候激发自己想起了一个好主意，但她没有打断山姆，而是等到他结束。

（续表）

教学目标	学生能够独立地执行一个合作学习过程
多学生示范（multi-student modeling）	教师请另一位学生来到教室的前面，他们模仿之前的方式相互谈论另一个话题
同伴示范如何运用思考—配对—分享法（peer demonstration using Think-Pair-Share）	教师请两位学生在教室前面进行思考—配对—分享。
全班示范如何运用思考—配对—分享法（whole-classmodeling using Think-Pair-Share）	教师说："现在我们要用思考—配对—分享法来阅读。我想请每个人回忆你做过的一件事，来帮助你理解所读的内容。当你准备好想法时，对我竖起大拇指。当我看到有人竖起大拇指时，我允许那位学生离开座位，与另一位竖起大拇指的学生配对。那对学生就可以进入排队序列，并在队列中相互交谈。" 教师继续配对学生，并沿着队列来回走动，听取各种意见。当大多数学生都在队列中时，教师会用最后 5 分钟进行全班分享："如果搭档告诉了你一个很好的阅读理念，我希望你和整个班级分享。"
协作示范（collaborative-effort modeling）	教师继续要求更多的分享，直到下课铃响
运用思考—配对—分享法合作（partnering using Think-Pair-Share）	在休息之后，教师开始一节数学课，并运用思考—配对—分享法来让学生加工关于减法的新知

如何计划有效实施思考—配对—分享法

只要运用思考—配对—分享法来促进学生主动加工新知，就要在计划书中包含三个关键的待办事项：（1）预留足够的加工时间；（2）确定并记录希望学生思考或撰写的加工任务；（3）确定并注意你的计划如何监控学生，确定他们是否达到了运用思考—配对—分享法加工新知的预期结果。

预留足够的加工时间

为学生参与思考—配对—分享过程做好计划，有意识地为每个步骤分配足够的时间。研究表明，如果给予足够的思考时间，学生的回答质量会显著上升。在这种方法的思考部分，学生需要时间思考刚刚听到或阅读到的内容，并可能需要检索与新知有关的旧知，之后才有可能与搭档为分享做好准备。

确定并记录你想要学生思考的问题或完成的任务，并要求学生与搭档分享

学生从教师那里听到、从视频上看到，或者在课本或资料中阅读到新知时，可以运用思考—配对—分享法，最大化加工新知的预期结果；这需要教师选择各种关键知识块的同时，提出希望使用的问题或任务。请记住，在知识输入之后停顿，主要是为了让学生有机会从认知上加工新知。问题或任务也应与提供的知识密切相关。这样一来，集中注意力的学生可以毫无困难地思考如何回答问题或完成任务，然后就可以开始与搭档分享想法或答案。

表 2.6 提供了一些教师可以问学生的问题类型。教师希望对话有意义且内容丰富，然而，如果教师提出的问题和任务与关键内容无关，许多思考—配对—分享对话往往就会偏离主题，浪费时间。一旦学生习惯了这个过程后，就改变方法，要求学生在思考期间同时着手完成任务。在思考期间，学生可以同时写、画或提出自己的问题。在分享期间，学生可以将答案写在白板上，并与全班分享。

表 2.6 思考—配对—分享法中句型和问题的样例

句型	问题
◇ ________ 和 ________ 有什么区别？ ◇为解决 ____________ 需要采取的步骤是什么？ ◇用自己的话来重述总结。 ◇你在生活中看过这些吗？ ◇ _____________ 的定义可以是什么？ ◇关于 _____________，写下你记得的所有事情。 ◇你为什么认为作者 _____________ ？ ◇阅读和释义。 ◇如果 ______ 将会怎样？ ◇今天我们应该如何应用这个想法？ ◇你认为下一步将会发生什么？ ◇记下你不清楚的内容。	◇如果没有选举亚伯拉罕·林肯（Abraham Lincoln）为总统，那么今天我们的国家会有什么不同？ ◇鉴于德怀特·艾森豪威尔（Dwight Eisenhower）的经济学理论，我们可以采取不同的方式取得更好的结果吗？ ◇我们一直在研究光纤的发明如何影响通信。找出一个当前的事件，未来的历史学家可能会认为该事件对社会产生同样深刻的影响。证明你的观点。 ◇我们刚刚回顾了科学方法的步骤。科学家分享或发表实验成果后，你认为会发生什么？

在教师的计划书上记录下如何监控学生是否达到该方法的预期结果

积极监控，确保学生的对话与主题相关，并且每位搭档都有平等参与的机会。根据监控，教师可以决定为一些搭档提供额外的支持或安排学生重新配对。更熟练地运用此方法后，教师可以自发地创造监控的机会。然而，提前进行决定可能会让教师和学生把重点放在阶段性目标上。除监控整体的预期结果之外，还要确保学生准备好进入下一步的方法。例如，在进入该过程的配对阶段之前，要求学生竖起大拇指或用其他动作给出信号，告诉老师他们准备好进入下一阶段了。

常见错误

在运用思考—配对—分享法加工新知的过程中可能会出现一些问题。事先知道障碍所在，可以更有效地实施该方法。以下是需要避免的一些常见错误：

◇教师没有为学生教授和示范这种方法。

◇教师未能提供必要的思考时间，破坏了方法的有效性。

◇教师未能监控学生的加工情况，没有确定他们是否正在主动加工教师提供的新知或自己阅读到的新知。

◇教师未能及时地保持这个过程，学生的注意力滞后。

◇教师没有为学生设计与新的关键知识直接相关的问题和任务，没有要求他们进行思考。

◇教师在不重要或琐碎的任务上过度运用思考—配对—分享法，没有注重让学生对关键知识主动加工。

在课堂中运用思考—配对—分享法加工新知的正例和反例

以下正例和反例来自小学和中学，虽然案例中的年级层次或知识水平可能与教师的教学对象和教学内容不同，但请借此机会思考：应该如何设计类似的思考—配对—分享机会，让学生加工新知？

运用思考—配对—分享法加工新知的小学正例

小学正例的学习目标是：运用有效的方法、描述性细节，按照事件顺序，描述真实或想象的经验或事件（《共同核心国家标准》英语语言文学素养，W.4.3）。

早上好，同学们。今天我们将开始学习如何写一篇记叙文。为了帮助你们理解并记住记叙文的重要知识，我们将运用思考—配对—分享过程。过去我们运用过这个过程，在开始之前，还要重温一下有关说明。但首先，我想告诉你们一些关于写作“记叙文”的重要知识，所以请仔细聆听。

一篇记叙文是一个故事，它可以是你编造的一个虚构的故事，或是一个真正发生在你身上的故事。例如，如果我写的故事是关于一位十岁的男孩和他的成长经历，这就是一篇虚构的记叙文。如果这是关于我在成长过程中发生的事情，那就是一个真实的故事。如果我写了一篇关于各种类型岩石的文章，那不是一篇记叙文，因为它不是一个故事。如果我写了一个关于我在假期狩猎的故事，这就是一篇记叙文，并且是真的。但是，如果是关于一位想象中的科学家，以及他在遥远的地方寻找岩石的冒险，这将是一篇想象的记叙文。

教师为学生设计了一个思考表，供学生在进行思考—配对—分享过程中的思考时使用，并在屏幕上呈现模板的副本。今天，该教师要求学生加工的新知是：教师提出两篇记叙文，要求学生分析它们之间的差异。以下是该教师给学生的指导，是学生在与搭档见面之前要独立思考（并记下）的内容：

先仔细聆听你需要思考的内容，然后在思考表上记下。想想什么是记叙文，决定你想写什么类型的记叙文，并告诉你的搭档你为什么做出该选择。这一步要求学生理解什么是记叙文，知道记叙文有哪两种类型，然后选择一种类型来写，并解释这样做的原因。

教师继续讨论每种记叙文的关键属性。教师展示了准备好的两种记叙文的两个简短示例（其中一段），教师在屏幕上显示示例，并将属性写在示例旁。

关闭投影仪后，教师引导学生思考，要求他们就想写的记叙文类型写下许多关键属性。教师解释说：

如果你告诉过搭档，你想写一个真实的故事，那就写下这种记叙文的几个属性或特征。如果你告诉搭档，你想写一个想象的故事，那就写下虚构的记叙文的属性。现在是时候配对了。如果两位搭档都要写同一种类型的记叙文，我希望他们有一个漂亮的属性列表。如果两位搭档想写一些不同的东西，通过记住两种记叙文的不同属性来相互帮助。

教师收集并检查学生的思考表，很高兴地发现他们已经能够决定写什么类型的记叙文了，并列出了许多不同的属性。她将使用这些知识在第二天继续教授记叙文。

运用思考—配对—分享法加工新知的小学反例

小学反例的学习目标是：运用有效的方法、描述性细节，按照事件的顺序，描述真实或想象的经验或事件（《共同核心国家标准》英语语言文学素养，W.4.3）。

早上好，同学们。我想请你们思考一下自己对记叙文都有哪些了解。昨天我们刚学了这个，我将给你们 30 秒的时间来写下自己记得的东西。我正在设置计时器，准备好……好，时间到了。我要你们两两配对分享你们的答案，有 3 分钟的时间……好，时间到了。回到自己的座位上，并准备与全班分享你的答案。记住，我会随机点学生，所以每个人都应该准备好讨论。

教师把计时器设置为 3 分钟。当计时器响时，她让学生分别单独向全班分享他们的回答。

反例中的教师做出了一些错误的假设，破坏了有效地教学生如何写记叙文的努力。该教师假设学生完全了解思考—配对—分享过程的目的，因为他们过去曾使用过它。该教师假设学生准备好了从老师先前的介绍中加工新知，而没有提供关键知识让学生有机会立即加工新知。该教师匆忙完成了这个过程，并未能监控学生是否达到了预期结果。

运用思考—配对—分享法加工新知的中学正例

中学正例的学习目标是：线性方程组的精确值和近似值的求解方法（《共同核心国家标准》数学代数，REI.6）。一名中学代数教师在班级门上贴了一个通知："从储物箱里拿出核心内容词汇本（content vocabulary notebook），并翻到上周的定义和例子。"该教师通过与学生回顾以前的学习来开始新课：

> 同学们，请花点时间来回顾一下过去几周学习的一些非常重要的内容。你知道什么是变量（指向单词墙上的定义），什么是方程（指向单词墙上的定义），什么是线性方程（那种直线图），它与非线性方程之间的区别。
>
> 今天，我们将学习如何求解线性方程组。你已经学会了如何求解一个简单的方程。线性方程组具有两个或多个线性方程，有两个或多个变量，我们将用两个方程和两个变量来解一个简单的线性方程。
>
> 有同学告诉我，你们还没有完全搞懂方程中的所有字母、数字和符号所代表的意思，还问我代数是否能解决真正的问题。所以，今天我们要解决一个真正的问题。那么，问题中至少有真正的事物：一只小狗和一只小猫。上课时，我会每隔几分钟停下来，让你有机会与搭档交流。告诉搭档你听到我说了什么，这会帮助你在大脑中修正新知。所以，如果你在接下来的一个小时努力地思考、配对和分享，我保证你就可以少花时间完成家庭作业或不用拨打家庭作业热线给家庭教师。
>
> 以前我们运用过思考—配对—分享法。如果这些步骤在你的头脑中已经模糊了，那么看看海报，提醒自己每一步该做什么。我们要慢慢开始，然后加快速度，所以跟紧我。

教师在屏幕上呈现了以下数字问题："一只小狗重 16 磅，当一只小猫与一只小狗一同坐在秤上时，总重量是 26 磅。一只小猫的重量是多少？"

> 现在，不要告诉我这只小猫的重量。我想看到你列出方程来解决这个问题，并给出一个描述，告诉我解决方法是什么。准备好思考和配对。记住，两名学生一个白板。如果你和搭档确定了一个答案，请将其写在白板上，并与全班分享。

教师很高兴地看到，几乎每一对学生都生成了一个适当的方程（$16+k=26$）和准确的描述：k 是小猫的重量，以磅计。在下一个让学生配对和谈论关键知识的阶段，教师做了一份备忘录，密切关注那些不能确定在白板上写什么或写了错误答案的三对学生。教师注意到，在一种情况下，其中一对学生立刻知道了答案，并坚持将其写在白板上，而没有用方程和一个变量进行描述。教师让学生安静下来，然后转到下一个知识输入。教师在屏幕上呈现了一个新问题："一只小狗和一只小猫的重量是 180 磅。小狗重量的 3 倍和小猫重量的 2 倍的总和是 414 磅。找出每只动物的重量。"

教师解释道：

> 这个新的数字问题需要一个线性方程组。要解决这个问题，你需要创建两个方程，并找到两个变量的值。注意，这个例子中的动物体重增加了不少！我将为你创建第一个方程——简单的一个。记住，我们正在指定两个变量，p 代表小狗，k 代表小猫。从题目可知，合并的重量，即两只动物一共的重量是 180 磅。只需一分钟就可以看出这个问题，我们有一个秤（为了给这两个动物称重，它必须比一般的家用秤要大一点，因为他们一共重 180 磅）。所以，方程是小狗（p）+ 小猫（k）=180（磅）。显然，如果我们不采用第二步，使用问题中的条件创建另一个方程，就不能解决这个方程。

教师停下来，告诉学生，现在是思考—配对—分享的时候了。

> 思考问题中的条件，并按照这些条件生成第二个方程。当你创建第二个方程时，将其写在白板上，并准备与全班分享。我不要求你们求解这个线性方程组，我们将在明天学习如何做到这一点。

这一次，学生努力生成第二个方程，搭档之间的讨论需要更长的时间，但是在老师的指导和训练下，每一对学生都在白板上写下了问题的准确表示形式。然而，教师知道学生经常需要应用题案例，为代数学习带来更多的意义。在全班分享方程的过程中，教师鼓励学生就关键知识的任何方面提出问题，并让他们参与最后一次思考—配对—分享。

> 以下是你们今天拿到出门票的指令：将一张纸分成四部分，在左上方的方框中，写第一个方程；在右上方的方框中，写出方程所使用的数字问题中的条件。请注意，我今天给了你们一个告别礼物：我已经完成了出门票的上半部分。如果你雄心勃勃地能在明天之前解出这个线性方程组，我会给你一个“作业免写通行证”，适用于寒假之前的每一天。

学生利用课堂上的最后 10 分钟思考并完成出门票（见表 2.7）。教师在门口收集它们，很高兴学生主动加工他呈现的新知。在第二天上课时，两名学生的答案让教师更加高兴：小狗重 54 磅，小猫重 126 磅。显然，这只小猫会成长为一只非常大的猫。一名学生用替代法来解决这个线性方程组，第二名学生使用了消除法。

表 2.7　出门票示例

方程 1	使用问题中的条件
$p+k=180$	小狗的体重 p，加上小猫的体重 k，共 180 磅； 或 小狗和小猫一共重 180 磅
方程 2	**使用问题中的条件**
$3p+2k=414$	小狗的重量的 3 倍和小猫的重量的 2 倍的总和是 414 磅

[在中学正例中使用的问题改编自莱德维特的文章（Ledwith, 2014）。]

运用思考—配对—分享法加工新知的中学反例

这个中学反例的学习目标是：线性方程组的精确值和近似值的求解方法（《共同核心国家标准》数学代数，REI.6）。

反例中的教师在课堂上第一次运用思考—配对—分享法。该教师决定在教授和示范过程中走捷径，由于大多数低年级同事都使用过该策略，所以该教师认为学生对这种方法的工作方式非常熟悉。教师一走进课堂，就让学生进行思考，然后准备和搭档配对；随后教师看着时钟，意识到没有时间在铃响之前结束需要执行的过程。因此就创建了一个新版本，称为思考—写作。教师分配学生任务，要求解决其课堂中提到的问题，并要求学生在离开教室时上交。综上可知，平衡课程讲解的复杂性与实施思考—配对—分享法各种版本的技巧十分重要，需要教师仔细地规划。

确定学生能否利用思考—配对—分享法加工新知

监控学生是否能运用思考—配对—分享法主动加工新知，有两个组成部分：（1）让学生完成某项任务，展示运用该方法的预期结果；（2）检查预期结果并对学生的进步做出表扬。以下是学生运用思考—配对—分享法时，一些监控方法示例：

◇教师在教室内走动，聆听学生分享他们对重要知识的总结或释义，确保他们加工了新知。

◇在思考阶段，教师聆听学生基于认知加工得出的结论，了解学生掌握新知的准确性和理解程度。

◇教师确保每位学生都上交了出门票，来展示自己的思考和分享。

运用思考—配对—分享法加工新知的学生熟练程度量规如表 2.8 所示。运用程度量规可以精确反映学生是否达到运用该方法的预期结果。

表 2.8 运用思考—配对—分享法加工新知的学生熟练程度量规

新手入门	基本掌握	预期达标
学生陈述所学内容	学生描述所学内容	学生可以从多个方面陈述所学内容
学生在配对讨论中使用学术语言	学生讨论内容中的重要知识	学生讨论他们对内容重要知识点的看法
学生可以得出简单的总结或结论	学生的总结或结论包含重要的知识	学生的总结或结论包括多方面的观点

开展支架教学和拓展教学以满足学生的需要

为了满足学生的不同需求，教师可能需要为遇到困难的学生提供支架教学来调整思考—配对—分享法，或为那些渴望和能够迎接新挑战的学生提供拓展教学。

支架教学

◇制作一张有关该方法的海报，并展示。

◇提供额外的加工时间让学生思考。

◇允许学生在思考阶段写下自己的想法。

◇向可能需要协助来思考问题的学生提供一个问题主干。

◇根据学生的阅读水平提供替代资源。

◇通过不同媒介提供资源——例如音频或视频剪辑。

◇使用图片或图像代替口头提示，让学生在思考阶段进行深入思考。

◇让具有类似学习需求的学生在配对阶段分入同一组。

拓展教学

为促进学生进步，拓展教学可以包括：

◇让一对或四人组学生创建总结或结论的图示。

◇让一对或四人组学生用精湛的技术创作并展示总结或结论——例如动画、视频或推文。

教学方法 3　概念获得法

概念获得法（concept attainment）是一种“通过要求学生比较包含概念特征（称为属性）的例子（称为范本）和不包含这些属性的例子，引导学生获得概念”（Joyce & Weil, 1986, p.27）的方法。运用这种方法，教师需要为学生提供具体细节，他们必须从这些例子中概括出一个完整而准确的概念，进而掌握这个概念。该方法适用于任何年级和任何类型的知识，但是它特别适合于新教学单元对核心复杂概念学习的导入课。除了在本书中被称为圈里圈外（Ins and Outs）的流行游戏，还可以发现运用该方法的多种版本。

如何有效实施概念获得法

要让学生学会实行会概念获得法，教师和学生都必须掌握以下术语的含义：概念（concept）、正例（example）、反例（nonexample）、属性（attribute）、定义属性（defining attribute）和非定义属性（nondefining attribute）。术语的定义参见表 3.1。

表 3.1　实施概念获得法的术语定义

术语	教师的定义与讨论
概念（concept）	一个与知识有关的重要想法，甚至可以称之为一个高见。谨慎选择合适的概念来运用概念获得法，确保概念与学习目标相关，并且值得教师和学生投入时间
正例（example）	获得一个特定概念的有效模式
反例（nonexample）	获得一个特定概念的无效模式
属性（attribute）	特定的人、地点、事物、想法的特征、特点、性质或特性
定义属性（defining attribute）	必须展现出的特征，以区分特定的人、地点、事物或想法。例如，三角形的定义属性是封闭的三条边
非定义属性（nondefining attribute）	一个特定的人、地点、事物或想法的一种非区别性特征。例如，三角形可能具有不同的大小、颜色或方向，但这些属性中没有一个可以定义三角形

概念获得法有两个版本。在第一个版本中，要求较低的认知训练。教师为学生识别了一个熟悉的概念，然后确定这个概念的属性。这个版本更适合低年级学生，或者可以在教师初次接触概念获得法时使用。

在要求更高的第二个版本中，教师不给这个概念定名，经常把它作为一个神秘术语介绍给学生，学生必须根据所提供的正例和反例对这个概念做出准确的猜测。表 3.2 显示了将第一个版本介绍给学生的课堂教学计划。第 1 列说明了教学步骤，第 2 列则提供了教师注释，即额外说明。一旦阅读并理解第二列的内容之后，只有在想要查看教学步骤时，才需要参考第 1 列。

表 3.2　教师命名概念和学生确定属性

教学步骤	教师注释
1. 识别定义或描述你想要讲授的概念的基本属性。然后创建或找到能够明确说明这些特征的正例和反例，你可以利用文字、数字或图片呈现样例	选择能传达概念本质的正例，并找到作为极端对立面的反例
2. 使用一个学生熟悉的概念，并示范概念获得的过程。使用第二列中的正例，或选择与学习内容更相关的另一正例。向学生呈现模型概念，并向他们展示正例和反例	教师向学生解释，所有人类都不断地将自己所经历的与已经知道的事物进行比较，并决定是否有一些新的经验符合已知的一个概念或是另一个概念。举个例子，想想幼儿遇到所有不同的狗的形象：动画、街上的真狗、各种狗的照片及狗的形状的首饰。他们如何知道所有这些形象都称为“狗”？他们知道狗的关键属性是什么，换句话说，他们已经获得了狗的概念。教师希望学生获得一个概念，当他们遇到这个概念的各种表征时，可以马上认识到这是一个正例或反例
3. 向学生说明本方法的目的，让他们知道这是比较两件事情的另一种方式，以便他们“获得一个概念”	为了使本方法生效，学生必须能够理解正在发生的事情及其原因。在学生实际参与概念获得课之前，请使用熟悉的知识为学生示范此过程

（续表）

教学步骤	教师注释
4. 教师使用自己选择的概念来示范此过程，在解释本方法的目的后，介绍在概念获得课中使用的概念	不要试图通过跳过一些步骤加快进程，示范过程、每个步骤如何工作的演示过程、向学生解释概念获得过程都不可或缺；这些步骤能帮助他们理解和记住他们所学的内容
5. 给学生提供一个明确的概念样例，以及一对定义性正例和反例	例子应该适用于学生，形式可以是图片、定义、方程、物体或任何其他物品
6. 要求学生根据所提供的正例或反例提出并检验关于概念属性的假设	提出一个假设，要求学生根据在正例中观察到的内容，以及在反例中观察不到的内容，对这个概念的属性进行准确的猜测
7. 提供另一个正例或反例，并再次要求学生找出概念的关键属性	要么确认学生的假设，要么要求他们提供更多的正例，而不必命名一个特定的属性，以便其他学生可以继续寻求答案
8. 确认学生的假设或让他们提供正例，而不必命名属性，以便其他人可以继续识别属性	继续提供正例，直到枚举出所有相关属性。鼓励因同学间的意见分歧而引起的讨论
9. 要求学生在课业笔记本或核心内容词汇本中记录自己的定义	确保为学生提供足够的时间来记录和表现在此方法中发生的认知加工。鼓励他们列出识别的所有属性，并继续思考这个概念，看看他们是否会发现附加属性，以便下次在笔记本中输入条目

一旦学生经历了上述课中描述的概念获得法的第一个版本，就可考虑进行更复杂的版本——第二个版本。这个版本最接近杰尔姆·布鲁纳（Jerome Bruner, 1973）的设计，学生参与所谓的归纳推理（inductive reasoning），得出结论，并从细致的观察中归纳出教师在正例和反例中描述的概念的属性。表 3.3 包含了教授第二个版本的教学计划。

表 3.3 教师提供正例或反例和学生识别概念

教学步骤	教师注释
1. 识别定义概念或术语的关键属性，然后提供明确的正例以及相应的反例来说明每个属性	概念获得课成功的关键在于选择明确的正例和反例
2. 如果学生是低年级的，用熟悉的概念来示范概念获得过程	保持简单，特别是对幼儿。练习熟悉的想法，让学生在理解关键内容的概念之前理解该过程
3. 介绍概念获得课的目的：学生必须运用推理能力来推断“神秘概念”	如果教师以前与学生一起使用过此过程的简单版本，要指出他们需要成为单词侦探，从教师以概念的正例和反例形式呈现的线索中，找出神秘词或概念
4. 提出第一个正例，也可以是反例，并向全班解释一个“神秘术语或概念”的正例，并提出另一个不是这个概念的反例	当然，教师现在不会透露这个概念，如果喜欢，教师可以像游戏一样对待这节课。提醒学生术语“反例”的意思，这样教师可以毫不含糊地使用它
5. 指导学生提出和检验他们关于属性或概念的假设	使用句干（sentence stem）来测试例子：只有概念的一些正例具有非定义属性，但是所有正例都具有定义属性。用概念和句干中的属性代替对假设的测试。例如：只有一些印象派艺术的例子用芭蕾舞者作为主题，但所有印象派艺术的例子都有微妙和模糊的线条，产生朦胧的效果
6. 提供另一个正例或反例，并指导学生做出关于神秘概念的准确猜测	如果学生在这个过程中遇到困难，回到熟悉的概念，并再次解释正例和反例之间的区别。这些术语有时会让学生感到困惑。每个正例必须突出显示所教概念的离散性、明确性特征。过于笼统或陌生的例子会误导或模糊学生的理解
7. 确认学生的假设或要求他们提供正例，而不必命名概念	不要太早放弃练习，有些学生需要更多的时间进行此过程
8. 继续呈现正例，直到概念被确认。鼓励讨论分歧，并使所有学生有机会对正确的答案提出问题和困惑	鼓励学生共同努力，互相提供线索和动机
9. 指导学生记录自己对概念的定义以及活动中列举的属性	教师可能希望在一张图表上或黑板上保留属性的一个运行列表，以便学生可以在课业笔记本或核心内容词汇本中参考

常见错误

以下是一些可能会发生在概念获得课上的常见错误：

◇教师允许学生使用非定义属性来描述概念，而不是仅使用定义属性。

◇教师没有为概念获得活动选择强有力的例子。

◇教师使概念过于复杂。

◇教师没有把这些例子放在一个精确的序列中，以便依次揭示和加强属性。

运用概念获得法加工新知的正例和反例

以下正例和反例演示如何正确运用概念获得法加工新知。

小学运用概念获得法加工新知的正例

该正例的学习目标是：区分定义属性与非定义属性（《共同核心国家标准》数学内容，I.G.A.1）。

一年级的教师知道学生可以识别和命名基本形状，但希望通过给予识别属性的额外练习来加深他们的理解，使他们能够自己定义两个形状：三角形和矩形。教师决定运用概念获得法。

> 孩子们，今天我要请你们成为数学家，提出一个矩形的准确定义。一起来看看我展示的图片，这将帮助你们回答这个问题：什么是矩形？

教师展示了一组不同大小的两个矩形，并说："这些都是矩形。"然后，教师展示了两个反例，第一个是三角形，第二个是五边形，并说："这些不是矩形。”

教师停下来让学生有时间进行加工。“现在和搭档谈论，在三角形和五边形中你注意到了什么。”教师继续从两个不同方向介绍矩形：边、角，教师提出的另两个反例是梯形和菱形。说：“比较矩形和其他图形。你注意到了什么？”

教师还提供了一套正例和反例。在这个时候，大多数学生能够总结出矩形有四条边和四个直角。然而，一些学生确信一个矩形必须“侧身躺着”。教师将他们的注意力转向其所展示的第一组矩形。教师用一个句干提示学生：“只有一些矩形侧身躺着，但是所有的矩形都有四条边和四个直角。”

学生们能够意识到自己的想法有缺陷。在课堂结束时，学生能够将矩形的定义特征（定义属性）总结为具有四个直角的四边形。

小学运用概念获得法加工新知的反例

这个例子的学习目标是：区分定义属性与非定义属性（《共同核心国家标准》数学内容，I.G.A.1）。

反例中，教师计划一个三角形概念获得实践活动。他给每个组一桶图案块、一盒属性积木和一组七巧板，并以这样的方式导入新课：

> 今天你们要成为“数学探险者”来探索形状。在所有的这些形状中，希望你们能找出三角形并放在一起。我还会请每个小组说说你们知道的有关三角形的三件事情。

学生迅速地开始了活动，从三套教具中挑选出所有三角形。当教师检查到一组时，这组学生坚持三角形有三条边，通常是绿色的，并有三种尺寸：小、中、大。教师很快就意识到材料太多因此提供了太多的选择，并且使许多学生感到困惑。该组对三角形的定义不能适用于所有的三角形。教师意识到这节课没有取得期望的结果。

中学运用概念获得法加工新知的正例

中学正例的学习目标是：分析和解释自然灾害的数据，以预测未来的灾难性事件，并通知技术部门以减少灾难影响（《新一代科学教育标准》地球与人类活动，MS-ESS3-2）。一位中学科学教师设计了一个关于自然灾害主题研究单元。然后这样解释这项活动：

> 我们一直在学习过去十年来全球发生的重大自然灾害。我想通过玩一个叫圈里圈外的游戏来帮助大家加深对“自然灾害”（natural hazards）概念的理解。游戏的目的是让大家明确自然灾害的属性。首先，我将给你们一个自然灾害的正例——这是一个“里”（In），因为它属于自然灾害的一种。然后，我要给你们一个反例——一个“外”（Out），它不属于自然灾害的类别。现在不要以为反例不符合，我们就不能从中学习。每对案例均完成之后，你需要与搭档一起列出你们认为必须存在的属性，以此定义自然灾害。当你认为自己已经弄清了这个属性，不要把它说出来，而是给我们一个“里”和“外”的例子，如果你是正确的，我会告诉你，并且你可以继续给出正例和反例，让全班同学继续猜测。

教师希望所有学生根据其事先识别的以下属性来确定特征：（1）灾难的即时摧毁量，（2）灾难的可预测性，（3）灾难发生的原因和相关性。教师事前制作了包含正例和反例的配对列表，如表 3.4 所示。

表 3.4　中学正例课堂中的圈里圈外

里（正例）	外（反例）
火山	间歇泉
洪水	海洋潮汐
龙卷风	爆炸

（续表）

里（正例）	外（反例）
地震	（日、月）食
山崩	桥梁倒塌

当学生认为自己已经明确了准确的属性时，教师就会提一些启发性问题。教师问："干旱怎么样？你会把它称为'里'还是'外'？森林火灾呢？漏油呢？"学生继续从这个活动中创建一个属性列表。表 3.5 显示了他们创建的列表。

表 3.5　自然灾害定义属性清单

1. 大量破坏性结果
2. 发生在自然界
3. 由天气、地质或人类引起
4. 可以是部分可预测的或完全不可预测的

在课堂结束时，教师要求学生写出自己对自然灾害的定义，并列出其定义属性。教师和学生一致认同，课堂最好的部分是在同学们友好争论漏油是否是自然灾害时。有些学生想在这一点上改变自己的定义，而其他人则认为它符合自己所确定的定义标准。

中学运用概念获得法加工新知的反例

这个中学例子的学习目标是：分析和解释自然灾害的数据，以预测未来的灾难性事件，并通知技术部门以减少灾难影响（《新一代科学教育标准》地球与人类活动，MS-ESS3-2）。这位教师决定运用类似于正例教师用过的概念获得课。但是这位教师忙于备课，并没有花费时间来开发一套明确的正例和反例的图片为学生展示。该教师没有事先制订出一个周密的属性列表，这使课堂进一步复杂化。学生注意到教师的困惑，当学生不同意他关于各种自然灾害的意见时，教师提前下课了。

确定学生能否利用概念获得法加工新知

监控学生积极加工新知的程度，对于有效运用概念获得法至关重要。以下是一些需要监控的行为：

◇学生能够通过描述或定义一个给定的概念，表达对新知的理解。

◇学生能够创建属性列表描述给定的概念。

◇学生可以通过一组正例和反例来说明一个给定的概念。

◇学生能够比较正例和反例，显示对定义属性和非定义属性的理解。

◇参与概念获得法后，学生可以记录自己对概念的深刻理解。

◇学生可以判断一个案例是否为概念的正例，并解释为什么。

运用概念获得法加工新知的学生熟练程度量规如表 3.6 所示。可以使用它来确定学生实现预期结果的能力情况。

表 3.6　运用概念获得法加工新知的学生熟练程度量规

新手入门	基本掌握	预期达标
学生识别正例中的属性	学生识别正例中的定义属性	学生将正例中的定义属性与概念相关联
学生识别正例中的共同属性	学生识别概念，给出了属性的正例和反例	学生识别概念，并解释共同属性如何帮助他们识别它
	学生对概念的其他可能的正例进行了头脑风暴	学生提出概念的其他准确正例

开展支架教学和拓展教学以满足学生的需要

在实施概念获得法期间，针对需要额外支持或增强教学的学生，可用以下方式提供支架教学和拓展教学：

支架教学

◇使用熟悉概念的明显正例和反例对过程进行示范。

◇使用概念获得法的第一个版本帮助学生理解练习。

◇在学生学习过程中提供更多的提示和明显的线索。

◇让两位学习困难的学生合作，而其余的学生进行概念获得法的其他步骤。

拓展教学

◇使属性更具认知要求。

◇用较少的支架提供较少的属性。

◇鼓励学生使用二手资源来支持归纳。

◇允许学生将附加属性添加进正例和反例。

◇鼓励学生创建自己的正例和反例，以便以后与全班分享。

教学方法 4 切块拼接法

教学方法 4 是一种被称为切块拼接法的主动加工方法。埃利奥特·阿伦森（Elliot Aronson）和他的大学生们在 20 世纪 70 年代开发了这种方法，作为减少冲突或竞争，并加强课堂合作的一种方式，特别是在某些地区不同学生群体聚集构成的新学校社区中运用（Aronson & Patnoe, 2011）。经过三十年对学校的各种设置和日常使用情况的研究，该方法在那些寻找一种有组织的促进协作加工新知的教师中仍保持流行。切块拼接法区别于其他方法的一个关键属性是，随着时间的推移，它需要并最终在课堂中培养出学生之间较高的相互依赖程度。正如术语“切块拼接”（jigsaw）所示，协作小组的每位成员仅仅加工整个新知中的一部分，就像每人只拿着拼图的一块，只有当小组成员聚在一起分享各自加工知识模块的结果时，该小组才能整体加工知识。只有独立处理与协作结合，小组才能拼出完整的拼图。

如何有效实施切块拼接法加工新知

有效实施这种方法，首先需要教师学习切块拼接过程的各个步骤，为学生教授并示范。许多教育家和研究人员开发了这一过程的各种不同版本，但有两个基本的版本：精简版本和“专家组”版本。

切块拼接法最适合新知或文本材料的学习，可以将其分成若干切块，切块份数等于学生人数，这些学生组成一个切块拼接组。“切块拼接”这个词表明了这种方法如何适用于学生，切块拼接组的每个成员都成为一个指定的切块的专家。随着教师在课堂中的进展，在每一部分知识输入之后，停顿一段时间，3 人组中的每位学生都有机会像专家一样分享新知的某些方面。在课堂结束时，知识的片段或模块组合在一起完成切块拼接，并对特定时期的新知进行总结。

每位成员都需要另一位来一同加工新知。例如，在预览了关于科学方法的简短介绍视频之后，将学生分成 3 人一组。然后，你指定学生分别学习科学方法的前 3 个步骤：第一名学生成为第一步的专家，第二名学生成为第二步的专家，第三名学生成为第三步的专家。允许小组成员独立加工自己的知识块，然后分享所学到的东西。表 4.1 列出了第一个版本：精简版本中的步骤。在此版本中，“专家”在与小组的其他成员重新会合之前自行学习。这个版本是理想的，使用在同一水平的高年级学生中，可以预期他们对知识块有类似的认知水平，能够产生一个全小组的作品，并能够更准确地展示所学知识。

表 4.1　切块拼接法的精简版本

教学步骤	教师注释
1. 选择要用于切块拼接过程的知识或文本材料。确定你将为每位学生或小组指定什么类型的模板或任务	这个过程更适合于主动加工文本而不是教师演示
2. 将知识或文本切块，切块的数量与每个组的学生数相同	尽量确保切块大小大致相等，以便该过程不会停滞
3. 为每位学生指定一个独立加工的切块	这种精简版本要求学生独立地加工自己的切块。当你第一次介绍此过程时，请使用学生更加熟悉的主题或更简单的文本
4. 给学生时间阅读和加工指定的切块	有阅读障碍的学生可能需要更易读懂的文本
5. 重组小组，引导学生分享自己的想法	监控分享，确保高效的协作
6. 请各小组总结加工知识的整体情况	收集你指定的总结成果，确定他们是否达到了预期的结果

切块拼接过程的第二个版本：“专家组”版本解决了第一个版本的问题，如上所述，学生有望独立阅读和加工知识或文本。利用中学生加工科学方法的例子，指定学生学习前 3 个步骤（学生被分成三人一组，即原始小组，教

师指定一名学生成为第一步的专家，以此类推），被指定为“专家”的所有学生聚集起来成立一个“专家组”（expert group）。这个“专家组”讨论大约 10 分钟，共同讨论是主动加工科学方法的步骤之一。这次讨论为学生们提供了一个机会，让他们在重新加入原始小组并分享知识之前，弄清并调整自己的“专业知识”（expertise）。回到“家庭组”（home group）（原始小组），每位学生将转而分享从“专家组”中吸取的领悟和知识。表 4.2 列举了切块拼接过程“专家组”版本的步骤。

表 4.2　切块拼接法的“专家组”版本

教学步骤	教师注释
1. 直接教授学生切块拼接法	给学生讲解成为“专家”是什么意思，并提供明确的指示：（1）成为专家；（2）使用资源协助获取关键知识；（3）与协作小组分享自己的专业知识；（4）记录和表述专家们提供知识的方法
2. 指定适当的知识块，并留出足够的时间进行加工	与“专家组”合作，确保他们与其他“专家”充分讨论并分享自己所知道的知识。准备好解决学生分歧，促进知识准确性；如果需要，请务必在与其他组员分享错误知识之前进行更正
3. 选择主要资源以便于加工	为学生提供足够的主要资源和次要资源，以搜寻新知的更多背景资料
4. 监控主动加工	制订一份清单，列出你计划监控学生的方法，以确定他们达到预期结果
5. 评估新知的学习	提供正式或非正式的方法来评估学习

正确地实施此过程时，每位学生提供知识，同时也接收知识，并培养了学生的自主性，这是精准教学所需的一个关键组成部分。实现预期结果所需的时间取决于学生对知识块的认知需求。

常见错误

预先了解在方法实施中可能出现的潜在错误，可以节省时间和资源。提前考虑常见错误，还可以让教师确定学生所需，进行必要调整。教师运用切块拼接过程可能会出现的四个潜在问题：

◇教师未能教授和示范此过程的适当步骤。

◇教师未能教授和示范“专家”和小组责任。

◇教师未能为每位小组成员选择合适数量的知识进行加工。

◇在学生协作加工指定的新知时，教师未能提供足够的支持。

运用切块拼接法加工新知的正例和反例

以下所提供的正例和反例，是一些教师运用切块拼接法的情景。请考虑下列课堂情景、教师话语、示范模拟时，需注意避免哪些错误做法。

小学运用切块拼接法加工新知的正例

本正例的学习目标是：解释如何组合一系列章节、场景或诗节，以提供特定故事、戏剧或诗歌的整体结构（《共同核心国家标准》英语语言文学素养，RL5.5）。

教师在黑板上写下切块拼接过程的步骤：

1. 全班：阅读整首诗。

2. 在第一组中：研究指定章节并回答问题。

3. 在第二组中：按顺序讨论每节中问题的答案。

4. 个人：总结如何将每节诗组合，形成这首诗的整体结构，总结该结构如何与作者想传达的体验关联。

早上好，同学们。今天，我们的学习目标是解释诗节如何组合起来形成一首诗的整体结构。这首诗将帮助我们回答基本问题："文本的结构如何影响读者的体验和对文本的理解？"

《荡着回声的草地》（"The Echoing Green"）是威廉·布莱克（William Blake）的经典诗歌。我们将用这首诗来确定诗节如何提供有关诗歌结构的知识，以及它如何与作者想要向读者传达的体验关联。

为了做到这一点，我们将遵循黑板上切块拼接法的步骤。首先，默读这首诗。然后，我来大声朗读这首诗。让我们先做好这些。

当学生默读时，教师四处走动，帮助学生学习不理解的单词，并确保所有学生都在阅读。然后，教师大声朗读诗歌，偶尔停下来问问题，并解释一些语句。

现在我将让同学们组成 3 人协作小组，每组指定 1 节诗，这将是你的第一次分组。学习这节诗，成为这节诗的"专家"，回答有关加工模板的问题，并与小组讨论以下问题：

1. 这节诗中行的数量有一个模式吗？
2. 有单词、短语、声音或节奏的重复吗？
3. 这节诗中有没有独特的语法策略？
4. 当你阅读这节诗时，有没有想象到任何具体的视觉效果？

随着学生完成这一过程，教师四处走动，阅读学生正在写的答案，并询问不清楚的地方。此外，教师还听取了讨论，以确保"专家"的准确性。

既然你们都已经完成了这一步骤，我将重新安排这些小组，让每个人都能将自身的专业知识带到第二（专家）小组，你将在那里详细讨论你们小组成员学习的一节诗如何与诗歌的整体结构有关。运用你的答案来指导谈话，并运用加工模板来帮助你记录自己和搭档的观察结果。

教师再次四处走动，并阅读答案，提出清晰的问题，并听取讨论，以确保"专家"的准确性。

> 作为切块拼接法的最后一步，总结每节诗如何组合，形成这首诗的整体结构，以及该结构如何与作者想传达的体验关联。

在学生撰写总结时，教师会关注他们的一举一动，然后收集这些总结以检查其准确性。

小学运用切块拼接法加工新知的反例

本反例的学习目标是：解释如何组合一系列章节、场景或诗节，以提供特定故事、戏剧或诗歌的整体结构（《共同核心国家标准》英语语言文学素养，RL5.5）。教师开始这节课：

> 早上好，同学们。今天，我们将"切块拼接"一首诗，威廉·布莱克的《荡着回声的草地》。每个人都要单独阅读这首诗，然后与自己的"家庭组"讨论每一节如何与诗的结构关联。记住，一首诗的结构能够不断帮助读者了解作者写诗的目的。你们都有5分钟的时间独立阅读这首诗，撰写每一节的摘要，然后再总结作者如何使用这首诗的结构来传达意义。5分钟后，我会要求你与小组分享自己的总结。不必记下搭档说的话，因为他们可能是错的。只要确保你在倾听他们说话。我会四处走动，监控你们如何静静地倾听搭档的总结。

反例中没有为需要听到教师大声朗读这首诗的学习者提供支持。对小组也不负责，该活动允许学生安静地阅读和总结知识，对自己的小组几乎没有负责。没有考虑到各种观点，并且学生没有机会与同伴合作，无法主动询问并回答有关新知的问题。

中学运用切块拼接法加工新知的正例

这个中学例子的学习目标是：用代数和图形方式来解含有两个变量的线性方程组（《共同核心国家标准》数学代数，REI.6）。

中学代数教师正在探索如何帮助学生更深入地理解解决线性方程组的各种方法。教师教过每种方法，但学生总是回到同一种方法。教师决定运用切块拼接法，让学生有机会成为一种方法的"专家"，并将这种方法教给其他学生。该教师决定着重于三个代数方法：检验（inspection）、消除（elimination）和替换（substitution）。教师在各小组实验中将最简单的方法"检验"，指定给每一组中学习最困难的学生，理论上说这位学生可以从其他两种方法的"专家"指导中受益，但这位学生需要至少稳固掌握一种方法。做出这个决定后，将其余的小组聚在一起。下面展示了该教师如何向班级介绍切块拼接法。

下午好，同学们。今天我们要改变一下，我今天不再亲自教授代数课，但是我已经招募了一批知识渊博的"专家"，那就是你们。我们将用本学期开始时多次使用过的切块拼接法。但是，为防止你们忘记，我张贴了该方法的各个步骤。并且，张贴了一张"家庭组"的名单。我为每名同学都分配了具体的方法，请大家运用这些方法来解下列方程：

$$2p+2k=360$$

$$3p+2k=414$$

切块拼接法的步骤如下：

1. 与"家庭组"会面，并找出你解决线性方程组的方法。
2. 看看你能否独立解出方程。
3. 如果你不能，请参考我为你准备的一些资料：一个演示你的方法的 YouTube 视频链接、一份我之前为你准备的学习指南的副本，以及一份详细描述这三种方法的打印资料。
4. 运用资源解决问题。

离开"家庭组"，加入"专家组"，这个小组的所有学生都已经用同样的方法解决了相同的问题。集思广益，如果你在解决问题时遇到困难，请找该小组的"专家"来帮助你，以便你能够向"家庭组"解释自己的方法。

当所有“专家组”都已经分享了专业知识时，所有学生回到自己的“家庭组”，3名学生轮流教授指定的方法。

每个“家庭组”在汇总表中总结自己的经验，展示小组获得的3种不同的解决方案。

关于这个过程有什么问题吗？现在，这可能会变得复杂，所以要仔细听。有18名学生，我们可以组成6个“家庭组”。在6个“家庭组”中，将有6位“专家”分配在每一组——6位“专家”共同运用同一种方法。

小组工作时，教师有意地监控“专家组”，确保他们理解自己的步骤，这种监控可以作为评估学生学习的非正式手段。一旦“专家”们回到“家庭组”，他再次仔细地监控这些小组，听取他们对如何解决线性方程组的陈述。

在课堂结束时，教师向每个“家庭组”收集汇总表。这节课采取了大量的先进思想和计划，但是当翻阅汇总表，并想到那些苦苦挣扎的学生是如何在这个过程中“活”过来时，教师觉得每一分钟的计划和上课时间都是值得的。

中学运用切块拼接法加工新知的反例

本中学案例的学习目标是：用代数和图形方式来解含有两个变量的线性方程组（《共同核心国家标准》数学代数，REI.6）。

反例中，教师已经观察过同事运用切块拼接过程，初步了解了如何加深学生对较新知识的理解。该教师很感兴趣，并向同事请教，以了解该过程的细节。但是当该教师开始计划课程后，担心这种方法会让之前的准备工作付之东流，该教师曾经为教学内容和解题方法组合设计了一整套资源，因此决定采取一些捷径。该教师的同事建议，在运用这一过程学习新内容之前，先给学生一些基本的培训，以了解该过程的工作原理以及使用的原因。但该教师知道，学生在其他课堂中进行过协作加工，感觉他们会很容易适应自己的课堂。

在上课的时候，那些在加入“专家组”之前需要独立工作的学生无法获得“专家”资源，这使许多学生感到沮丧。最后，学生还不清楚课堂结构的突然变化。学生们习惯于在教师讲课时记笔记，很难与别人分享他们的观点。

确定学生能否利用切块拼接法加工新知

作为实施切块拼接法的最后一步，请花时间监控学生完成两件事情：（1）他们已经理解协作对解决问题和加工新知的帮助作用；（2）他们已经充分加工了新的内容知识。以下是教师监控的有效方法：

◇学生可以提供一张出门票，解释每组成员提出的主要想法，或者总结所有的学习知识。

◇学生可以参与一次全组讨论，教师仔细指出讨论的深度。

◇从每组中随机选择学生，分享他们组中某一位“专家”提供的知识。

◇学生可以进行更正或要求教师进行澄清。

◇学生在“家庭组”和“专家组”中承担自己作为小组成员的责任。

◇学生在“家庭组”和“专家组”中互相询问与知识有关的问题。

◇学生可以口头解释学到的内容。

◇学生可以主动讨论和报告其他专家的知识。

◇学生互相询问有关知识的问题并得出结论。

◇学生乐意教授指定给他们的内容，并热切地学习“家庭组”其他成员的内容。

运用切块拼接法加工新知的学生熟练程度量规，如表 4.3 所示。针对预期的教学结果，使用它做好计划。

表 4.3　运用切块拼接法加工新知的学生熟练程度量规

新手入门	基本掌握	预期达标
学生参与关于指定内容块的讨论	学生讨论他们对于指定内容块的观点	学生讨论多个观点来总结指定内容块
学生从指定内容块中解释知识	学生从指定内容块中识别和解释关键知识	学生准确地解释指定内容块中关键知识的细节
学生听他人解释其指定内容块	学生讨论或询问其他学生对其指定内容块的解释	学生主动参与关于每个内容块的讨论
学生对内容给出结论，作为运用切块拼接法的结果	学生对内容产生自己的结论，作为运用切块拼接法的结果	学生在自己的结论中包含多个观点，作为运用切块拼接法的结果

开展支架教学和拓展教学以满足学生的需要

为学生提供支架教学和拓展教学，可以为学习困难的学生提供互惠互利的体验，他们需要额外机会获得切块拼接过程的细节，也能有机会与同学分享的学生受益匪浅。

支架教学

以下是一些你可以为学生提供切块拼接法支架教学的方法：

◇形成一个支持性的切块拼接组，你可以在其中提供有关该方法更直接的指导。

◇为学生示范并出声思考你会如何教小组其他成员学习。

◇提供机会，以视觉、口头或书面形式来总结和教授新知。

◇提供思考表或模板来指导学生完成整个过程。

◇提供具有专业知识内容的简单阅读或视觉资源。

拓展教学

以下两种方法，可以为需要接受关键内容挑战的学生提供拓展教学：

◇给学生机会确定他们希望如何分享和记录自己的专业知识。

◇鼓励具有前沿知识的学生开发小视频或博客，针对相关内容总结并给出结论。

教学方法 5　互惠教学法

由帕林科萨和布朗（Palinscar & Brown, 1984）开发的互惠教学法（Reciprocal Teaching）是一种阅读理解策略，许多专业教育心理学和阅读方法课本中都有所描述或改编。他们开发互惠教学法支持阅读困难的读者理解文本。该策略包括教师直接指导学生的四种认知加工过程或理解策略，即总结（summarizing）、提问（questioning）、预测（predicting）和澄清（clarifying）；同时包括训练学生承担教师角色的责任，领导小组讨论。实施这种方法需要 3 个教学步骤，包括直接教学和示范学生如何在阅读文本中运用策略，教授和训练学生如何在小组中承担教师角色或讨论领导者的角色。尽管他们主要为一小群阅读困难的学生在一起阅读文本而设计了互惠教学法，但是这种方法同样适用于学生在教师口头介绍时加工新知，同时也提出了其他适用情况。

如何有效实施互惠教学法加工新知

有效实施该方法需要大量的教学时间和精力，特别是教师没有接受过任何如何教授和示范认知阅读策略的职前指导或专业发展培训时。如果教师目前正在课堂上实施认知策略教学，改编互惠教学法将不会太耗时间。然而，如果教师花时间去理解、教授，并为学生示范这些认知过程，其付出将会在学生的学习成就方面获得丰厚的回报。

有效实施互惠教学法有 3 个步骤：（1）注意并反思如何在阅读和思考中使用四种认知方法，即掌握互惠教学法的四种认知方法；（2）为学生教授和示范四种认知方法；（3）实施互惠教学法的原版及其改编版本。

掌握互惠教学法的四种认知方法

有效实施互惠教学法的第一步是掌握四种认知方法，对它们进行实验，并将其应用于自己的思考和阅读。有些教师在课堂上教授阅读理解，有时候很可能使这第一步不过是一个快速复习。但是请记住，如果在课堂上对这些过程使用了不同的定义或方法，则应继续使用学生已掌握的术语。表 5.1 提供了一组支持学习和教学过程的定义。

表 5.1　互惠教学法中使用的四种认知方法的定义

认知方法的定义	教师注释
预测，指在互惠教学法背景下要求听众和读者对将来的知识做出预测，包括得出结论并检验推论。预测对于理解是必不可少的，因为学习者可以通过对比认为会发生的和实际发生的事情，不断地检验自己的假设。然后，弄清楚如果预测没有实现该怎么做	教师经常忽略预测是一种推理过程。即使预测，也通常在阅读文本之前就进行预测，或是预测一篇记叙文中接下来会发生什么。然而，预测的一个主要方面包含得出结论和检验读者的假设。为学生示范预测过程时，一定要展示该策略涉及的思考范围
总结，在互惠教学法背景下可以被看作一种自我反省的活动，指读者或听众不断地研究知识的主要思想，而不会有那些琐碎的、不重要的知识来分散他们的注意力	总结包括口头总结已经发生的事情，或者针对一块新知中最重要的内容编写简短摘要。当你向学生提供关键内容时，请确保你在有目的地识别关键知识。走到那些正试图回答重要问题的学生身边。如果你经常在琐事中迷失，并受到无关知识的影响，学生将无法成功地总结你提供的新知

（续表）

认知方法的定义	教师注释
澄清，在互惠教学法背景下是一个自我监控的过程，在意识到阅读或思考走上歧路后，采取一些行动回到正轨。澄清指在阅读具有挑战性的文本时，修正经常出现的混乱。要求学生澄清，需要他们在阅读时进行批判性的评价，不仅是对内容本身，而且对个人理解也要进行自我评价	如果学生在监控上有困难，请准备一套澄清工具。例如，当学生对文本的意义感到困惑时，建议他们执行以下操作：（1）再次阅读文本甚至超过两次；（2）停顿并出声思考所读的内容；（3）与某人交谈：向朋友、家人、同学或教师出声思考；（4）暂时忽略不理解的部分，并继续阅读
提问，在互惠教学法背景下涉及学生首次学习重要内容后产生的问题。提问是检验自己对内容理解的一种方式，因为通常提出问题的人，对答案可能是什么已经有了一个好主意。问题能指导提问者识别主旨	问题可以是真实的或推论的，也可以引导提问者，预测教师在新知测验中可能提出的问题类型

[定义改编自帕林科萨和布朗的文章（Palinscar & Brown, 1984），教师注释由作者原创。]

为学生教授和示范互惠教学过程

不要试图简单地告诉学生通过预测、提问、澄清和总结来实施互惠教学法。教师可能会认为，学生已经是小学或中学的中高年级了，他们对术语非常熟悉，可以定义和描述它们，并且知道如何在阅读和思考中应用它们。如果是这样的话，这是最幸运的。即便是这样，如果希望学生作为一个小型协作加工小组的领导者或教师的角色，经常使用这些过程，那就需要教师花时间去教授和示范每一个认知过程。

示范策略听起来可能会显得尴尬和照本宣科，除非学生能真正听懂教师说的话，否则他们就不太可能很好地承担起该方法中的角色。表 5.2 提供了一些例子，展示了互惠教学法中每种认知方法在讨论背景中可能听起来像什么。使用这些建议来准备自己的思考，或者把它们分享给那些将要承担各种角色或者领导讨论的学生。

表 5.2　互惠教学法中的认知方法听起来像什么的例子

认知方法	这种认知方法听起来像什么？
预测	“我认为这篇文章将告诉我们……因为我看了文本中的标题和副标题。” “我对所发生的事情感到惊讶，后来我改变了主意，因为……” “我相信这个故事不是想象的，而是真实的。” “我认为这位作者是这方面的专家，我们必须密切关注来理解这些知识。” “我认为这肯定是作者的意思。让我们继续阅读，看看我是否正确。”
总结	“这段的大意是……” “我认为这个故事主要是关于……” “关于……最重要的是……” “让我们回顾一下主旨句。” “我们太关注不重要的知识了。” “我们必须继续回答这个问题，中心思想是什么？”
澄清	“等一下，我困惑了。在继续之前，我们能弄清楚这个单词的意思吗？” “我认为这里有一个线索，可以帮助我们弄清楚这是什么意思。” “我们能再读一遍那个句子吗？” “我们能画一幅图或一张表吗？”
提问	“这个知识和我们上周学的有什么关系？我看不出来。” “我们在哪里可以找到关于这个主题的更多知识？” “当提到……时，这篇文本是什么意思？” “有没有人记得关于这个话题，我们去年学到了什么？” “有没有人可以告诉我为什么我们正在学习这个？”

实施互惠教学法原版及其改编版本

教育工作者认为，课程计划就是改编运用教学方法，以应对各种教学情况。表 5.3 介绍了本教学方法的原版及其改编版本的情况。

表 5.3 互惠教学法原版及其改编版本情况

版本开发者、改编者	描 述
帕林克萨和布朗（1984） （Palinscar & Brown, 1984）	帕林克萨和布朗为阅读困难的读者开发了原始版本。他们假设，如果学生被有意识地教授了四种阅读或认知策略，然后在一个由学生领导的协作小组中学习，他们的阅读理解将会得到改善。事实确实如此，这项研究引发了教师们直接教授学生阅读理解策略的浓厚兴趣
斯特朗等人（2002） （Strong et al., 2002）	斯特朗及其同事改编了帕林克萨和布朗模式，放弃了澄清策略，将管理新词汇作为第四种策略
费希尔、弗雷和拉普（2012） （Fisher, Frey & Lapp, 2012）	费希尔、弗雷和拉普进一步改编了互惠教学模式，取消学生讨论的领导者，将角色分配给与四种认知方法相对应的学生。教师教授学生所有角色的责任，并在阅读不同的文本时，由学生轮流承担各种角色
马扎诺和博格伦 （Marzano & Boogren, 2012）	马扎诺和博格伦改编了互惠教学法来加工教师呈现的内容。他们保留了学生教师（由学生担任的教师角色）或讨论领导者来促进这个过程。表 5.4 展示了该改编中加工教师呈现内容的步骤。表 5.5 展示了马扎诺和博格伦对阅读文本块方法的改编

表 5.4 展示了运用互惠教学法分步协作加工教师呈现新知的课堂，该方法明确界定讨论领导者的角色和对小组成员的期望。教学过程中，你可以使用该表作为培训学生扮演不同角色的模板，上面所示的表 5.3 可用于向学生展示各种互惠教学策略的示例。

表 5.4 运用互惠教学法加工教师呈现内容中的新知

教学步骤
1. 教师呈现了一块新知
2. 学生教师（讨论领导者）就此新知向小组提问，小组成员讨论问题的答案
3. 学生教师要求小组成员总结目前为止呈现的所有知识
4. 在继续前进之前，如果有任何术语或概念需要澄清的话，根据需要学生教师会询问小组成员。然后，学生教师可以重新陈述或解释新知
5. 该组的成员对即将呈现的知识块做出预测
6. 教师呈现另一块知识，课堂中的每一组又一次经历了预测、提问、总结和澄清的过程
7. 教师指导每组学生列出他们对新知的一些结论，或者对教师讲课中最重要的知识的总结陈述

[改编自马扎诺和博格伦的文章（Marzano & Boogren, 2012）。]

表 5.5 改编了表 5.4 中的互惠教学法，以协作文本阅读。

表 5.5 运用互惠教学法加工阅读内容中的新知

教学步骤
1. 教师给学生分配阅读的文本，阅读方法可以根据学生的需要和文本的难度而有所不同。但是，教师必须提前把文本的段落分好，这样学生就不会有认知超载
2. 学生教师（讨论领导者）对此新知向小组提问，小组成员讨论问题的答案
3. 学生教师要求小组成员总结目前为止呈现的所有知识
4. 在继续前进之前，如果有任何术语或概念需要澄清的话，根据需要，学生教师会询问小组成员。然后，学生教师可以重新陈述或解释新知
5. 该组的成员对即将呈现的知识块做出预测
6. 学生阅读另一块知识，课堂上的每一组又一次经历了预测、提问、总结和澄清的过程。这个过程将继续贯穿所有的文本块
7. 小组写一个总结句来代表文本的主要思想

[改编自马扎诺和博格伦的文章（Marzano & Boogren, 2012）。]

常见错误

运用互惠教学法与学生一起加工新知时，教师最常犯以下错误：

◇教师未能在尝试实施之前，为学生教授和示范互惠教学。

◇教师未能教授和训练担任讨论领导者的学生。

◇教师提供的文本知识或口头提供的知识多少不适当。

◇教师未能为可能有阅读困难的学生提供适当的支持。

◇教师在方法的每个步骤都未能提供足够的时间进行加工和讨论。

◇教师未能组织合适的小组进行加工。

运用互惠教学法加工新知的正例和反例

当考虑这些正例和反例时，请仔细阅读来识别常见错误，并把错误与有效地实施互惠教学法的建议联系起来。

小学运用互惠教学法加工新知的正例

这个小学正例的学习目标是：太阳系由行星和其他天体组成，它们都在可预见的路径轨道上绕太阳运行 [《科学协会教育标准》（缩写为 SCORE）地球科学 5]。

> 早上好，同学们。今天我们将学习太阳系，它由行星和其他天体组成，它们都在可预见的路径轨道上围绕太阳运行。我将介绍三块关于太阳系的重要知识，在每一块之后，你将进入自己的互惠学习组加工新知。核对后墙上的图表，找出每个小组的学生教师是谁，教室里哪个桌子是你的基地。在我们开始讨论太阳系之前，我想回顾一下你将在小组中使用的四种加工新知的认知方法。

教师走到后墙上的图前，指出对预测、提问、总结和澄清的描述。并解释说，已经准备了一些句子的讲义，并提示学生教师在领导小组讨论时使用。教师提醒学生，在知识输入的过程中，他们要做的是倾听在互惠教学期间讨论的重要知识。讨论领导者是唯一允许记录的人。然后，教师开始了第一个 10 分钟的知识输入。介绍结束后，教师会提示学生进入自己的互惠组，并在教室里走来走去，以确保每组 4 名学生和当天的学生教师都准备好了。教师给小组最后一次机会提出有关讨论程序的任何问题，并解释时间表。

由于学生已经看过教师示范这些认知方法，而且教师在前几次互惠教学过程中对学生教师进行了培训和选拔，尽管知识输入时间相对较短，教师感到很有信心，其全面规划和准备工作正在获得回报。

小学运用互惠教学法加工新知的反例

这个小学反例的学习目标是：太阳系由行星和其他天体组成，它们都在可预见的路径轨道上绕太阳运行 [《科学协会教育标准》（缩写为 SCORE）地球科学 5]。

小学反例中的教师为学生提供了主要资源，并指导学生运用互惠教学法。但是，教师没有提供足够水平的关键性支持。教师没有组织学生进行协作，也没有为他们解决问题提供帮助，更没有期望对他们的总结进行监控，而且教师给学生提供了最少的时间来阅读文本并要求得出结论。教师意识到了时间的限制，然而教师并没有使用不同的加工方法，而是告诉学生完成预测和提问步骤，并跳过这次的总结要求。学生匆忙完成这一过程，因为他们知道教师不会收作业，不会检查作业是否正确。

中学运用互惠教学法加工新知的正例

这个中学例子的学习目标是：理解“第二次重建”及其公民权利的进步；评估沃伦法院在布朗诉教育委员会案中的论断及其对推进公民权利的重要意

义（《国家历史教育标准》标准 4A）。

这个例子中，高中历史教师计划了一节课，学生将运用互惠教学法来阅读和加工一个一手史料文件：最高法院对布朗诉教育委员会的原始判决。教师计划大声朗读每一块中的片段，让学生开始学习，然后希望小组能够齐读具有挑战性的文本。教师先前为学生教授和示范过互惠教学过程，并在本周早些时候用一篇简短的文章练习了这个过程，其中包含关于这个案例的背景知识。教师将全班分成 5 人一组，每组指定了 3 名学生为领导人。不同的学生领导人将负责对应的一段文字。教师介绍：

> 早上好，同学们。今天我们将学习一个改变了国家教育制度的具有里程碑意义的民权案例：布朗诉堪萨斯托皮卡教育委员会。你将用互惠教学法阅读本案例的文本。让我们花 1 分钟的时间，来回顾一下在 5 人小组中使用过的步骤。（教师在墙上贴的步骤和之前的表 5.5 相似）
>
> （然后教师解释她为这个过程开发的时间表）
>
> 当你完成后，把总结张贴在大图纸上，并将其挂在教室的周围。我们将在课堂结束时逐步浏览这些图纸。

中学运用互惠教学法加工新知的反例

这个中学反例中，教师认为学生应该独立阅读，这才是合适的方法。然而，许多学生在分享和聆听其他同伴的观点时获得了更深的理解，独立阅读可以伴随协作。教师还认为知识很容易“消化”，没有提供足够的加工时间来完成每个步骤。如果学生无法阅读这些知识，就很难达到预期结果，无法总结和得出这个具有里程碑意义的案例的结论。阅读困难的学生需要帮助，阅读困难的学生可能会受益于与阅读流利的学生合作。阅读流利的学生可以大声朗读文章的关键部分，教师也可以通过朗读文本来帮助有困难的学生。

早上好，同学们。今天我们将学习一个影响了国家教育制度的具有里程碑意义的民权案例：布朗诉堪萨斯托皮卡教育委员会。在你独立阅读文本后，我们将运用互惠教学法学习本课。你有20分钟的时间来完成互惠教学法的步骤，使用图表来显示每一步所做的事。20分钟后，我们将对总结进行小组讨论。请及时做完这件事，我希望我们按时完成任务。如果你需要我的帮助，请让我知道。如果你需要任何帮助，我会来到你面前。

确定学生能否运用互惠教学法加工新知

监控共有两个部分：（1）监控学生显示该方法的预期结果的行为（在本案例中，是运用互惠教学法加工新知）；（2）监控教师检查预期结果并对学生的进度做出反馈。以下是两个具体方法：

◇教师听取每一个协作小组，监控学生对新知的理解以及与同伴的协作程度。

◇教师要求学生在离开教室时完成一份独立的总结。

表5.6是学生的熟练程度量规，用来评估学生运用互惠教学法的熟练程度。

表5.6　监控运用互惠教学法的熟练程度量规

新手入门	基本掌握	预期达标
学生对未来的知识做出预测	学生通过得出结论来预测未来的知识，然后测试自己的推论	学生通过得出结论预测未来的知识，然后在必要时，测试自己的推论并调整预测
学生总结知识	学生总结知识的中心思想	学生通过解释关键知识总结知识的中心思想

（续表）

新手入门	基本掌握	预期达标
学生对内容的理解情况进行自我评估	学生找到自己的想法在什么地方偏离轨道	如果学生发现自己的想法偏离轨道，他们会做出调整，重新回到正轨
学生针对内容提出问题	学生针对重要内容提出问题	学生提出问题，测试自己对重要内容的理解

开展支架教学和拓展教学以满足学生的需要

毫无疑问，学习中会有学生需要额外的帮助，也会有学生需要某种形式的提炼。以下是你可以提供支架教学和拓展教学的一些方法。

支架教学

这里有一些方法可以为互惠教学法提供帮助：

◇要求学生在完成方法的每一步时出声思考。

◇将口头表达或文本内容划分成更小块。

◇要求学生在参与方法的提问步骤时，向教师或搭档大声朗读。

◇根据学生的流利程度和理解程度提供二手资料。

◇将具有相似学习需求的学生分为一组，并且在该方法的预览、提问和澄清步骤中保留这个小组。

◇使用具有多个图片或模型的一手资料，来增强口头或书面的说明。

◇提供方法步骤的书面副本。

◇提供不同形式的资源：视频、音频剪辑等。

拓展教学

这里有一些方法你可以借鉴，为那些能够学得更快的学生进行拓展教学：

◇让学生研究自己的二手资料，以进一步证实总结。

◇邀请学生为自己的总结或结论创建图示。

◇让学生运用精湛的技术，展示自己的总结或结论。

◇提供与学生的阅读流畅性和理解水平相称的一手资料。

◇在方法的澄清步骤中，要求学生协助教师。

教学方法 6　脚本协作配对法

脚本协作配对法（Scripted Cooperative Dyads）最初是为在阅读、理解和记忆课本新知上有困难的大学生提出的（Dansereau, 1988）。然而，它可以轻松地被改编为年幼学生阅读文本时主动加工知识的方法。这个过程的关键属性是，随着时间的推移，它会使学生更专注、更负责地对关键新知进行回忆和总结。该过程对于高年级中小学生最有帮助，他们可以运用该方法理解并记住越来越多的关键内容，这正是教学目标要求的。

如何有效实施脚本协作配对法加工新知

与其他期望学生扮演不同角色的方法相比，脚本协作配对法只有两个角色：回忆者（recaller）和倾听者（listener）。表 6.1 列出了学生合作阅读新文本时的方法步骤。

表 6.1 学生合作阅读新文本时的方法步骤

方法步骤	教师注释
1. 教师解释和示范学生轮流扮演的两个角色——回忆者和倾听者，他们需要合作阅读课本中的一个作业	在实施这一方法之前，请选择更容易阅读的文本，直到学生掌握这两个角色
2. 两位学生齐读或默读课文，并在阅读的过程中，记下中心思想和关键细节	你可以通过两种方式来达成阅读过程，这取决于学生的阅读水平和熟练程度。具有良好的理解力、能够阅读年级课本的学生，可以默读课文。然而，搭档低声阅读，两位读者一同说出这些词是有帮助的，因为更好的读者可以促进学习过程
3. 回忆者向倾听者口头总结新知，而不用看任何笔记	如果学生在默读，最先完成的人应该回过头来重温或重读，直到搭档赶上为止

（续表）

方法步骤	教师注释
4. 倾听者仔细倾听，以发现任何错误或遗漏，他可以在倾听总结时参考笔记	如果倾听者听到任何错误的知识，他可以礼貌地打断回忆者并纠正
5. 回忆者尽可能快地总结，尽量包含所有重要的想法和事实	如果回忆者希望，可以画一张图片或图表。总结必须用自己的话，而不是作者的
6. 倾听者反馈回忆者的错误、曲解和遗漏的材料	然后，倾听者应看一下片段，并做以下的事情： 看看他能否提出一些巧妙的方法来记住重要的事实或想法，帮助搭档记住任何新知。目标是回忆者和倾听者都将彻底地加工新知
7. 搭档共同阐述所提供的材料——他们通过类比、图像等方法，将新知与旧知联系起来，或者重新编排材料。该脚本可以在一个思考表中被形式化，使学生搭档能够完成任务，并确保进行有意义的加工	对于年龄较大的学生，这一过程将构成最好的主动加工。下课后，搭档可以继续讨论学到的东西

表 6.2 提供了脚本协作配对过程简化版本的步骤，在学生最初几次使用这一过程时，你可以向他们提供这一步骤作为指导。

表 6.2　脚本协作配对过程的步骤

阅读目标	确定文本的两个或多个中心思想，解释细节如何支持，总结文本
1. 配对	“在思考表上写下你和搭档的名字（一个为回忆者，一个为倾听者）。生日在日历中先出现的人为回忆者。”
2. 阅读	“独立阅读文本的第一段。”
3. 写作	“记下一些关键的单词和词组，用它们提示你第一段文本的中心思想。”
4. 回忆	“回忆者：首先，把笔记放下。然后，从记忆中总结读过的内容。”
5. 倾听	“倾听者：使用笔记来反馈回忆者的错误或遗忘的重要思想。”
阅读下一段知识后，学生交换角色。回忆者成为倾听者，倾听者变成回忆者	
完成剩下的两段文本的阅读、写作、回忆、倾听步骤后，搭档进入最后一步：总结	
6. 总结	搭档共同努力，通过撰写文本的两个或多个中心思想，撰写一个总结陈述，并解释细节如何支持结论，最终达成阅读目标。

[改编自麦克尤恩·阿德金斯的文章（MCEwan-Adkins, 2010）。]

运用脚本协作配对法加工新知的正例和反例

以下是两组正例与反例，一组来自小学课堂，另一组来自中学课堂。

小学运用脚本协作配对法加工新知的正例

这个小学五年级的正例的学习目标是：确定文本的两个或多个中心思想，并解释它们是如何得到关键细节的支持；总结文本（《共同核心国家标准》英语语言文学素养，RI.5.2）。

这个例子中，教师知道，学生需要更多的练习来独立加工新的文本，并且相信，运用脚本协作配对法能够提供结构性支持，促进学生在阅读后立即与搭档加工文本。教师解释了运用该方法的目的：

> 同学们，今天我们要学习一个协作阅读过程。你将与一位搭档配对，并独立阅读科学或社会研究文本。然后，每个人都要选择一个角色来扮演——回忆者或倾听者。每位搭档都将有机会扮演每一个角色。

教师决定稍微改变表 6.2 中的格式。教师把为学生选择的文本分成三段，教师会大声朗读第一段，并与一位学生志愿者一起示范这个过程。教师给了学生一份经过修改的简化过程的副本，将第一段大声朗读出来。学生志愿者决定成为倾听者，教师则是回忆者。

教师提醒学生，虽然自己和这位学生正在模拟这一过程，但在教师大声朗读时，班上其他学生也应该密切关注，并考虑记录他们可能听到的中心思想或细节。在大声朗读第一段文本并记笔记之后，教师和这位学生分别扮演自己的角色。教师从文本中列出了一些细节，遗漏了应该包括的一两个点。这位学生是倾听者，可以用笔记来提醒教师忘记了什么。教师问班上的学生是否有其他的想法，还有两个人补充了更多的细节。然后教师和这位学生阅读了学习目标：确定文本的两个或多个中心思想，并解释它们是如何得到关键细节的支持，并总结文本。教师和这位学生一起解决了两个中心思想，并提出了它们的支持细节。然后，他们一起写总结。

教师指导全班同学与预先指定的搭档配对，并准备阅读：

> 同学们，现在轮到你们尝试协作阅读。记住，生日在日历中先出现的人为回忆者，另一个就是倾听者。但是，在最后一段，你们可以互换角色。当你在阅读和记笔记时，记住要倾听，这样你就可以回忆起来。

协作阅读过程超出了教师的期望。她很兴奋地看到学生和搭档一同讨论他们读到的内容，并决定每周都用这个过程来吸引学生阅读文本。

小学运用脚本协作配对法加工新知的反例

这个小学五年级的反例的学习目标是：确定文本的两个或多个中心思想，并解释它们是如何得到关键细节的支持；总结文本（《共同核心国家标准》英语语言文学素养，RI.5.2）。

教师感到了让学生主动加工新的知识文本的压力，并决定运用脚本协作配对法。这个过程对教师来说似乎很简单。因为对于教师需要达成的所有标准来说，时间很紧迫，所以教师决定跳过所有的解释和示范过程，只做一个简短的说明。学生过去进行过协作加工，教师相信他们会理解这个过程。然而如何做好两个角色，以及谁应该做什么会让学生有点困惑。因为学生没有机会经历它并看到其范例，他们就陷入了这个过程的细节中，没有时间专注于新知的主动加工。

中学运用脚本协作配对法加工新知的正例

这个中学正例的学习目标是：仔细阅读以确定文本的明确内容；在写作或演讲时引用这个文本作为证据来支持文章中或演讲时的结论（《大学职业准备锚定标准》阅读 6—12 年级）。

一名社会科学教师关心班上那些看起来没有完成课本中指定章节阅读任务的学生。该教师知道有些事情必须要做，因为超过一半的学生没有通过本章最近的测试。该教师决定运用脚本协作配对法给学生一个激励，与一位学习伙伴一同阅读章节。教师教给学生方法，并和几位不同的学生志愿者试用，保证如果用此方法和学习伙伴一起学习下一章节，他们会在测验中得 A。为了向学生证明这个过程是有效的，教师给了他们一个机会，在运用此方法来阅读和加工上一章节后，重新进行一个不同版本的测试。学生很感兴趣，大约有一半的人接受了教师的提议。

教师期望这一方法能起作用，并开发了一个新的测试版本。令他们惊喜的是，虽然由于没有充分理解和记住新知，在之前的测试中有 14 名学生失败了；但是在新测试中，其中的 12 名学生获得了高分，另外 2 名学生则承认他们跳过了此过程。教师计划给学生一个课时来学习运用此过程，并观察全班的结果如何。并承诺，如果 90% 的学生在测验中得到 A，将请全班同学吃披萨、喝苏打水。

中学运用脚本协作配对法加工新知的反例

这个中学反例的学习目标是：仔细阅读以确定文本的明确内容；在写作或演讲时引用这个文本作为证据来支持文文章中或演讲时的结论（《大学职业准备锚定标准》阅读 6—12 年级）。

这个中学反例中，教师对学生加工新知的能力也有类似的担忧，但脚本协作配对法引起了他的兴趣。他喜欢这个方法，它最初是为那些和他的学生遇到类似问题的大学生而开发的。教师觉得自己不能定期在课上向学生教授这一过程，并决定为有意在每周测验中提高成绩的学生提供课外辅导课程。课外部分的出席率很低，教师感到非常沮丧，因此该教师告诉来了的6名学生，将重新安排时间，让更多的学生能够参加。这位教师对这个过程缺乏担当，体现在两个方面：一是不愿意使用任何课上时间来进行加工活动，二是对参加辅导课的6名学生缺乏考虑。6名学生占了班级人数的三分之一，很容易成为这一方法的宣传“海报”。

确定学生能否运用脚本协作配对法加工新知

监控学生运用脚本协作配对法从文本中加工新知的能力，可以通过以下的任何任务轻松实现。

◇在完成文本的协作加工后，教师要求学生上交加工笔记和总结结论。

◇教师创建了10项测验，评估学生对关键内容的掌握程度。

◇在课堂协作过程中，教师会倾听每个协作小组，监控学生对新知的理解以及与同伴的合作程度。

表6.3是学生的熟练程度量规，用来评估学生运用脚本协作配对法加工新知的熟练程度。

表6.3 监控运用脚本协作配对法加工新知的熟练程度量规

新手入门	基本掌握	预期达标
学生确定想法和细节	学生确定中心思想和关键细节	学生确定中心思想和支持它的关键细节

（续表）

新手入门	基本掌握	预期达标
学生总结新知	学生总结新知，包括重要的思想和事实	学生总结新知，包括重要思想和支持它的事实
学生向搭档提供关于他们的错误、曲解或遗漏材料的反馈	学生对搭档的错误、曲解或遗漏材料，提出具体的反馈	学生提出具体的反馈帮助搭档纠正错误
学生详细地阐述材料	学生详细地阐述材料，并证明自己的阐述	学生能够以多种方式详细地阐述内容

开展支架教学和拓展教学以满足学生的需要

在班里可能有学生需要额外的帮助或更丰富的形式。以下一些方法，可以帮助你提供支架教学和拓展教学：

支架教学

这里有一些方法可以为脚本协作配对法提供支架教学：

◇准备思考表或者墙上的图表，提醒学生这个过程如何进行。

◇将被读文本划分成更小块。

◇根据学生的阅读流利程度和理解程度，为阅读能力需要提高的学生提供二手资料。

◇让有相似学习需求的学生进行配对，并与其他组保持联系，以便更直接地促进这个过程。

拓展教学

这里有一些方法，你可以借鉴，为那些学得更快的学生进行拓展教学：

◇提出独特的方法来展示关键内容，让它更令人难忘。

◇为自己的总结或结论创建图示。

◇运用精湛的技术，展示自己的总结或结论。

◇提供与学生的高阶阅读流畅性和理解水平相称的一手资料。

结 语

本书旨在帮助教师更有效地为学生提供教学服务。如你所见，本书的出发点就是让教师更熟练地帮助学生加工新知。

要确定是否达到目标，教师不仅需要从学生那里收集相关信息，还要从教学督导或同事那里征集反馈意见，以找到志同道合之人。当然，教师在尝试应用这些策略的时候进行自我反思也颇有意义。即使没能从书中学得零星技巧，至少也可以认识到监控的重要性；监控是教师专业能力提升、学生学习成绩增长的重要步骤。忠实执行本书中的策略是不够的，我们的终极目标是我们的教学初衷——教学预期成果，我们要确保学生已经对所学内容形成了深刻认识。

为了更有效地实施本书策略，请遵循以下三个步骤：

1. 教师要发挥自己的能力、热情与创造性来应用本书中的各种教学方法，并根据具体情况灵活变通，进行适当改编。

2. 监控预期结果。换句话说，就是在使用某教学方法时，要确定此方法是否对学生有效。实时查看或倾听，学生是否正在与同伴进行有意义的讨论，是否问其他学生问题，以及提供和撰写新知的总结来加工新知。

3. 根据监控的情况，如果教师认识到所进行的教学不足以让学生达成预期结果，就马上调整或更换教学方式。

毫无疑问，本书可以作为教师提繁荣昌升个人专业技能的行为指南，但如果教师与同事一道阅读、共同实践，必将获益更多。

反思与讨论问题

在小组会议中，甚至是向你的教练、导师或督导寻求精神食粮前，你可以使用以下反思与讨论问题：

1. 阅读、实施本书中的教学方法之后，你的教学发生了怎样的变化？

2. 在为学生提供支架教学和拓展教学的过程中，你总结出哪些调整和改进教学方法的技巧？

3. 在实施本书的教学策略的过程中，你觉得自己遇到的最大挑战是什么？

4. 你觉得执行本书中所述教学策略之后，学生的学习发生了哪些变化？

5. 你会如何与同年级或同一部门的同事分享学到的东西？

参考资料

[1]Aronson, E., & Patnoe, S. (2011). *Cooperation in the classroom: The jigsaw method.* London: Printer & Martin.

[2]Bruner, J. (1973) *Going Beyond the Information Given.* New York: Norton.

[3]Common Core State Standards Initiative. (2014). *Preparing America's students for success.* Retrieved February 14, 2014, from <http://www.corestandards.org>.

[4]Dansereau, D. F. (1988). Cooperative learning strategies. In C. E. Weinstein, E. T. Goetz, & P. A. Alexander (Eds.), *Learning and study strategies: Issues in assessment, instruction, and evaluation* (pp.103–120). New York: Academic Press.

[5]Dickson, S. V., Collins, V. L., Simmons, D. C., & Kame' enui, E. J. (1998). Metacognitive strategies: Instructional curricular basics and implications. In D. C. Simmons & E. J. Kame'enui (Eds.), *What reading research tells us about children*

with diverse learning needs (pp.361−380). Hillsdale, NJ: Erlbaum.

[6]Fisher, D., Frey, N., & Lapp, D. (2012). *Teaching students to read like detectives: Comprehending, analyzing, and discussing text.* Bloomington, IN: Solution Tree Press.

[7]Johnson, D., Maruyama, G., Johnson, R., Nelson, D., & Skon, L. (1981). Effects of cooperative, competitive, and individualistic goal structures on achievement: A meta-analysis. *Psychological Bulletin*, 89 (1), 47−62.

[8]Joyce, B., & Weil, M.(1986). *Models of teaching* (3rd ed.). Englewood Cliffs, NJ: Prentice Hall.

[9]Ledwith, J. (2014). What is a system of linear equations? *About Education*. Retrieved November 16, 2014, from <http://math.about.com/od/linearequations/tp/Syst_ Lin−1.htm>.

[10]Lyman, F. T. (1981). The responsive classroom discussion: The inclusion of all students. *Mainstreaming Digest*, (pp. 109−113). College Park: University of Maryland Press.

[11]Marzano, R. J. (2007). The art and science of teaching: *A comprehensive framework for effective instruction.* Alexandria, VA: Association for Supervision and Curriculum Development.

[12]Marzano, R. J., & Boogren, T. (2012). *Strategies for reflective practice.* Denver, CO: Marzano Research Laboratory.

13.Marzano, R. J., & Toth, M. D. (2013). *Deliberate practice for deliberate growth: Teacher evaluation systems for continuous instructional improvement.* West Palm Beach, FL: Learning Sciences International.

[14]The Math Forum. (2002). Different ways of solving systems of linear equations. *Ask Dr. Math*, October 28.Retrieved November 1, 2014, from <http://mathforum.org/ library/drmath/view/61608.html>.

[15]McEwan, E. K. (2007). *40 ways to support struggling readers in content classrooms, grades 6-12*. Thousand Oaks, CA: Corwin.

[16]McEwan, E. K., & Bresnahan, V. (2008). *Vocabulary, grades 4-8*. Thousand Oaks, CA: Corwin.

[17]McEwan-Adkins, E. K. (2010). *40 reading intervention strategies: Research-based support for RTI*. Bloomington, IN: Solution Tree Press.

[18]McEwan-Adkins, E. K., & Burnett, A. J. (2012). 20 literacy strategies to meet the Common Core: Increasing rigor in middle and high school classrooms. Bloomington, IN: Solution Tree Press.

[19]McEwan, E. K., Dobberteen, K. W., & Pearce, Q. L. (2008). *The reading puzzle: Fluency, grades 4-8*. Thousand Oaks, CA: Corwin.

[20]Palinscar, A., & Brown, A. L. (1984). Reciprocal teaching of comprehension-fostering and comprehension-monitoring activities. *Cognition and Instruction, 1*(2), 117–175.

[21]Rasinski, T. V., & Padak, N. (2000). *Effective reading strategies: Teaching children who find reading difficult* (2nd ed.). Upper Saddle River, NJ: Merrill.

[22]Strong, R. W., Silver, H. F., Perini, M. J., & Tuculescu, G. M. (2002). *Reading for academic success: Powerful strategies for struggling, average, and advanced readers, grades 7-12*. Thousand Oaks, CA: Corwin.

[23]Walberg, H. J. (1999). Productive teaching. In H. C. Waxman & H. J. Walberg (Eds.), *New directions for teaching practice research* (pp.75–104). Berkeley, CA: McCutchen.